RADIUS BÜCHER

Weitere RADIUS-Bücher von Marietta Peitz

Grün, wie lieb ich dich grün
GartenGedanken

Die bunte Wirrnis der Dinge

Gotteszahl und Tageseinmaleins
Tagebuch

Ein fremdes Herz im Schwarm
Liebesgeschichten

RUFUS
oder: Ballade vom Zwischenmenschen

Von einem, der auszog
Der Fall Anderman. Roman

Marietta Peitz

Ich sollte Lilien pflanzen ehe ich gehe

Tagebuch des Älterwerdens

Lektorat: Klaus-Peter Burkarth

CIP-Titelaufnahme der Deutschen Bibliothek

Peitz, Marietta:
Ich sollte Lilien pflanzen ehe ich gehe : Tagebuch des Älterwerdens / Marietta Peitz. – Stuttgart : Radius-Verl., 1990
ISBN 3-87173-806-9

ISBN 3-87173-806-9

Umschlag: Dieter Kurzyna
Gesamtherstellung Clausen & Bosse, Leck
Printed in Germany

»Ich habe immer die Ansicht vertreten,
daß, ist das Leben gut,
der Tod es auch sein muß.
Beides sind Mysterien,
keine Katastrophen.«

Henry Miller, »Liebesbriefe an Brenda Venus«

10. August

»Ich sollte wohl besser nicht aus meinem Zimmer gehen«, hat sie eben noch am Telefon gesagt, schließlich dann doch zugestimmt, daß Julian sie holt. An Sommersonntagen wie diesem ertrinkt man leicht in sich selbst.

So betritt sie unsere Terrasse, kurzbeinig und rund, nur in den Augen Jammer, sonst ganz tapferer Zinnsoldat, der eine Meldung zu überbringen hat: die Meldung des Sterbenmüssens.

»Metastasen in der Lunge. Ja, ich habe es gewußt. Als Krankenschwester habe ich es gewußt. Seit gestern weiß ich es als Berte.«

Schwester Berte und ihre krebskranke Patientin – nun sind sie EINE Person.

Die Person klagt nicht. Sie kennt den Weg, der – Behandlungsbeginn viel zu spät – nun vor ihr liegt, weiß, wie er verlaufen, wie er enden wird, spricht darüber mit seltsam verzögerten Worten, streicht über ihr Haar. Löffelt gehorsam ein wenig Curry und Reis aus ihrem Teller, dreht das Rotweinglas zwischen den Fingern, ehe sie es zum Mund führt.

Sich zuprosten, worauf?

Berte ist schon weit weg und wird sich, wie ein aus der Bahn geworfenes Gestirn, noch weiter, schmerzlicher entfernen. Und plötzlich hat die Frau, nach der sich vermutlich nie ein Mann pfeifend umgedreht hat, eine ganz eigenartige Ausstrahlung. Berte ist ein Jahrzehnt jünger als ich. Ich schaue sie offen an und sehe, wie in einem Blütenkelch, etwas silbrig schimmern. Ich habe das an Berte vorher nie wahrgenommen. Bedarf es des Leidens, um einen schlichten Menschenentwurf endlich zu veredeln?

Ich weiß nicht, ob ich das so gedacht habe. Vielleicht war da nur der Gedanke: Mach es gnädig mit Berte, alter Menschenschinder Gott!

Unsere Kinder, denen Julian von der Krankheit seiner Arbeitskollegin erzählt hat, reichen ausnahmsweise einmal aufmerksam die Platten über den Tisch. Sie schweigen.

Beim Sterbenmüssen hören sie – gottlob – auf, vorlaut zu sein; da tauchen sie weg wie Katzen vor einem Gewitter. Und geben die Hand nicht zum Abschied. Unbewußt. Weiß man, ob der Tod nicht ansteckend ist?

Ich verstehe die Kinder, habe heute selbst ankämpfen müssen gegen meine Berührungsängste, die tief sitzen. Das Schicksal des

ANDEREN, ist es nicht immer wie ein Spiegel: WENN ICH DU WÄRE...

»Warum haben Sie sich nicht früher behandeln lassen, Schwester Berte?«

»Weil ich das Leben mag, nicht das Überleben. Wenn Sie verstehen, was ich meine...?«

Verstehe ich?

In heißen Schwaden erstickt der Tag.

»Unser Klima spinnt«, bemerkt Julian, »diese Schwüle betrügt uns um den kurzen Sommer. Die Blüten verwelken, die Äpfel fallen unreif vom Baum.«

Berte betupft ihr kleines, noch fleischiges Gesicht mit unzähligen Papiertaschentüchern, die sie aus einer bestickten Hülle zieht. Alles adrett, auch das Krägelchen, das Goldkreuzlein, die Dauerwelle über dem rosa Scheitel, die blassen Wimpern, hinter denen sich die Trauer staut.

»Gehen Sie mit Gott«, sage ich verlegen zum Abschied. Berte hält die Rosen, die ich noch schnell von den Sträuchern geschnitten habe, ans Autofenster.

»Möge ER mit mir gehen!«

Es ist der Vorabend meines 56. Geburtstags.

11. August

Ein Geschenk, nicht feiern zu müssen.

Dankbar und doch ein klein wenig enttäuscht, nehme ich sie hin, die Vergeßlichkeit der anderen. Ohne ein Wort sind Jung-Jae und Jung-A, unsere beiden koreanischen Kinder, in die Ferien gestartet. Tschüß Mama! – das war es für vier Wochen. Ferne Freunde und fast Unbekannte sind es, die einen Gruß schicken, und Julian deutet mit einer Umarmung an, wie sehr er um mein Älterwerden, das auch das seine ist, weiß. Er allerdings lebt sie heiter, seine bald 64 Jahre, während ich noch immer auf dem Halbstarkentrip des Mich-Bewähren-Müssens bin. Zwei ganz verschiedene Entwürfe von TUN und SEIN, über die wir uns gelegentlich lustig machen. Julian IST, und ich TUE. Natürlich auch Falsches, auch Unsinniges. Der aktive Partner ist immer auch der Schuldfähigere.

Julian bewundert meine Tüchtigkeit und – lacht mich aus, wenn sie ihm lästig zu werden droht, etwa: »Maui, laß halt endlich die Finger vom Soufflé, wenn es jedesmal in sich zusammenfällt und dich beschämt. Omelette ist auch eine gute Sache!«

Weisheit, dahingesagt, sich vorgesagt, während zugleich eine andere Stimme (Altersstarrsinn?) inständig darum fleht, das nächste Soufflé zu versuchen und – gelingen zu lassen. Soufflé, das ist natürlich nur eine Chiffre für all das Fragile, Komplizierte, Feingliedrige des Lebens, das wir meinen, locker im Griff zu haben.

Wir feiern schließlich doch, das »ältere Ehepaar« feiert. Die Sonne scheint. Ich bin dankbar. Lachend erinnert Julian mich an die Schockbegegnung mit meinem »alter ego«; das war in einem Tibeterlager in Nepal, als wir nach einem Lhasa Apso suchten und schließlich das Wollknäuel Tashi fanden.

Eine junge, hochgewachsene Tibeterin stellte mir ihre Mutter vor mit der halb stolzen, halb entschuldigenden Anmerkung: »She is already 55 years old.« (Sie ist schon 55.)

Fünfundfünfzig Jahre! Vor mir stand eine zahnlose Greisin, die Augen eingefältelt in Eidechsenhaut, das Haar verfilzt, die Schultern hochgeschoben zu Buckeln.

Und ich – in Jeans und T-Shirt, irgendeine schrille, rote Applikation auf dem Busen ...! Wieder einmal fand ich die Chancen furchtbar ungerecht über die Erde verteilt. In der Härte der Dritten Welt altern Menschen mit den gerafften Lebensläufen von Kleintieren. Ein Hundejahr entspricht sieben Menschenjahren. Ein Tibeterinnenjahr entspricht zwei Europäerinnenjahren.

Was wenig aussagt über die Qualität der Jahre. Vielleicht habe ich nur einen besseren Zahnarzt. Und mehr Geld für Friseur und Kosmetik, für Vitamin-A-Tabletten und gut sitzende Büstenhalter. Vielleicht habe ich mich mehr um das Außengerüst gesorgt und meine tibetische Schwester sich um Verdienste für die Wiedergeburt? Ich weiß es nicht. Es fällt mir schwer, mir vorzustellen, diese Frau könnte in irgendeiner Weise teilhaben an meinen Ängsten. Der Angst etwa, allmählich herauszufallen aus der Welt der »Tätigen«, nicht mehr gefragt zu sein, den Rückzug antreten zu müssen, nie mehr einzutauchen in das samtweiche Gefühl des Erfolges. Umgekehrt: was weiß ich von den Nöten einer alternden Tibeterin im Exil? Ein schmaler Ausschnitt nur: Heimweh-Heimkehr; Krankheit; Geisterfurcht; die Ahnenkette, die nicht abreißen darf, doch da ist kein Sohn –

Anderntags wurde in diesem Flüchtlingslager unser Begleiter, ein deutscher Lepra-Spezialist, zu einer Kranken geholt. Verdacht auf Lepra! Seit zwei Jahren Verdacht auf Lepra, doch keine Untersuchung. Nur Isolation! Einzig die Tochter kümmerte sich ein wenig um die Kranke. Georg, der deutsche Entwicklungshelfer, untersuchte die Frau – von Lepra keine Spur! Alte, atavistische Ängste, Ansteckungsgefahr, Dämonen, Strafe! Die Frau kam ins Krankenhaus. – Vielleicht ahne ich doch ein wenig die Nöte meiner tibetischen Schwester.

Tashi, der Hundewinzling aus diesem Lager, kneift mich in die Wade, will spazierengehen. Der Geburtstag ist zu Ende. Von unseren drei Kindern hat einzig Rufus, der Getreue, angerufen, hat Blumen geschickt.

14. August

Sommergrippe! Fieberwellen wie der Schwindel im Rausch. Meine Übelkeit kehrt sich nach außen, spuckt gegen jeden, der in die Nähe kommt. Ganz schlimm, unkontrolliert und unsauber. Ich bin entsetzt, habe in mir Bösartigkeiten entdeckt wie Fäulnis, will es genau wissen, wie weit das Abgründige reicht, keife weiter, vergifte mich selbst mit den Auswürfen einer Seele, die ich gelegentlich für heiter und ungetrübt gehalten hatte. Spät am Abend kommt Julian an mein Bett, heftet müde Kummeraugen auf seine Frau, die daliegt wie ein Bündel Trauer und Dreck.

»Schwach zu sein, das erträgst du nicht, Maui!«

»Was soll das wieder heißen?« will ich zurückblaffen, weil mir zumute ist nach Verletzen und Blaffen. Ich antworte nicht. Ich weine.

Das Morgen, das unausweichliche Morgen, hat mir seine Fratze gezeigt.

Schwächer-Werden, Abhängiger-Werden, Nutzloser-Werden! Julian hat recht – das ertrage ich nicht. Wenn mich schon eine Zwei-Tage-Grippe völlig aus der Bahn wirft. Wie das bestehen, die sterbenden Beine, das versagende Gedächtnis, das Nachlassen von Blick und Gehör, all die Lästigkeiten, die Lächerlichkeiten des Alters? Und nie mehr ein Kuß – ein wirklicher Kuß!

Mein Zorn gerinnt zur Scham. Diesmal tröstet Julian mich nicht. Still verläßt er das Zimmer, seine Bettdecke unter dem Arm. Die Hunde laufen ihm nach. Schwäche ist ihnen zuwider, sie riechen ausgeschwitztes Unglück. Ich weiß, DAS muß ich alleine durchstehen, diese zweite oder dritte »Häutung«. Das Leben erspart sie uns nicht. Ich fürchte nur, daß dann nichts mehr nachwächst, keine neue Haut. Die alte! Immer noch grauer, noch faltiger, alle Adern bloßgelegt.

»Nimm dein Verhängnis an!« Dieser Satz fliegt mir von irgendwo zu, dann der andere: »Ich will die Treue lernen, die der Sinn von allem Leben ist.«

Welche Treue? Treue zum Leben, auch zum schwindenden Leben? Das muß es wohl sein. Hinter der Scheibe fällt Regen wie Schnee, stumm und vernichtend.

16. August

»Weibi« nennt mich die Daxler-Bäuerin gelegentlich, wenn ich nicht, wie heute, ausnahmsweise ihre »Arbeitgeberin« bin, die dann mit dem herben und ganz unbayrischen Vornamen »Marietta« anzusprechen ist. Ich sage »Lieserl«, tische Kaffee und Kuchen auf, und am Küchentisch reden wir wieder einmal über den Zustand der Welt, der »jed's Jahr a Batzerl unheimlicher werd«, wie die Daxlerin mit ihrer Wahrsagerinnenstimme anmerkt. Seit nunmehr zwanzig Jahren haben wir »Weibis« so ziemlich alles geteilt, was in einer Entfernung von rund fünfhundert Metern Lebensraum teilbar und mit-teilbar ist. Bis zu meinem 50. Geburtstag sind wir auch immer »gleich alt« gewesen, haben uns bei »Runden« die Hand geschüttelt und eine Flasche Obstler getauscht gegen einen Blumenstrauß. Durch eine Indiskretion der alten Daxlerin ist es schließlich doch ans Licht gekommen: Das Lieserl hat ein Lebensjahr mehr auf dem Buckel als ich. Ich weiß nicht, warum unsere »Geschwisterlichkeit« durch diese Korrektur einen winzigkleinen Riß bekommen hat. Vielleicht wegen des Verschweigens, des Vortäuschens, kurz: des Täuschens! Schwamm drüber.

Das Lieserl ist und bleibt meine Riederner »Nachbarsschwester«, auch wenn unsere Lebensläufe grundverschieden sind. Ab und zu, wenn das Heu eingefahren und das Obst geerntet ist, kommt das

Lieserl noch zu uns zum Helfen. Das hat sie vor zwanzig Jahren getan, dann jedoch wurde sie immer unabkömmlicher auf dem Hof, der Vater starb, die Mutter erkrankte an Magenkrebs, und wir – mit zwei Kleinkindern und Beruf – brauchten einfach eine Ganztagshilfe. Doch ist die Verbindung zum »Daxler« nie abgerissen. Tochter Jung-A hat mehr Stunden ihres Lebens auf dem Hof verbracht als bei uns; so war es nur logisch, daß das Lieserl zuletzt ihre Firmpatin geworden ist; Lieserls inzwischen heiratsfähiger Sohn hat den Traum noch nicht ganz aufgegeben, unsere Tochter eines Tages als Jungbäuerin ins Haus einziehen zu sehen. Doch Jung-A weiß inzwischen zu genau, welche Zwänge sie dort erwarten würden: 24 Kühe, tagaus, tagein – nie eine freie Stunde, nie ein freier Tag. Und kein Ausschlafen am Wochenende.

Wieviele Katzen es auf dem Daxlerhof gibt, vermag nicht einmal das Lieserl zu sagen, das das Katzenfuttergeld aufbringen muß mit drei Putzplätzen. Das geht auf und ab wie ein Aktienvermögen; fünfzehn sind es heute, drei verschwinden, das Lieserl weint, »grad die schöne Graue«, dann katzelt es im Heu, vier Junge, eine Nachbarin kommt und bietet an, die Sterilisierung von einigen Tieren zu bezahlen. Denn da ist weit und breit kein Singvogel mehr in Riedern.

Am Abend dann, nach einem Putznachmittag, sitzt die Daxlerin mir wieder gegenüber am Küchentisch, verschnauft, hat sich längst ausgerechnet, was das so bringt, ein Nachmittag mit kleinen Längen, schiebt ihr Geld ein mit einem netten »Vergelt's Gott« und klettert aufs Fahrrad, den Gepäckträger beladen mit Kartons und leeren Flaschen und Kleiderstücken, die Jung-A angeblich zu klein sind. Nichts wird weggeworfen. Viermal im Jahr klauben die Daxler unseren Sperrmüll an der Ecke sorgfältig durch; endlich landet der ihnen so oft angebotene alte Eisschrank in ihrer Speisekammer.

Zwanzig Jahre Nachbars Lieserl und ich! So nahe, so fern! Ich schreibe, sie liest nicht. Ich reise um die Welt, sie freut sich über einen Ausflug zum nahen Chiemsee, wo sie noch nie gewesen ist. Das Lieserl trägt meine Röcke auf, bis sie in den Stalldämpfen vermodern. Wir, die Zugereisten, versorgen die Bauern gelegentlich mit Gemüse und Salat aus dem Garten – für so etwas haben sie keine Zeit. Unsere Kinder mögen von den Daxleräpfeln nur die schönsten; sobald sie schrumpelig werden, verfaulen sie im Keller. Wohlstandsgesellschaft! Auch die daxlerische Kuhmilch wird abgelehnt.

Zu sahnig, zu fett! Das allerdings – die instinktive Ablehnung von Milchprodukten – ist asiatisch.

Manchmal weht der Wind vom Hof das Gekeife der Daxler-Geschwister zu uns herüber. Dann spüren wir: Jetzt ist wieder eine Schmerzgrenze erreicht; das Lieserl wehrt sich gegen das Lebenslänglich ihrer Magd-Dienste, wo einzig die Katzen ein wenig anerkennende Zuneigung zu erkennen geben. Der Daxler hat seine Schützen und seinen Hund; und die jüngere Schwester, das Aschenputtel, hat nichts zum Verwöhnen, hat nur Rheuma und eitrige Hautausschläge.

Emanzipation – was ist das? Und Nächstenliebe?

18. August

Noch einmal so ein unerträglicher, widerspruchsvoller Alpen-Tropentag, wo sich zu Mittag Schwüle und Gewitterdrohung stauen. Nach drei Stunden emsiger Gartenarbeit gebe ich es auf. Falsch – ich war nicht emsig. Neuerdings nämlich – so meine Entdeckung – drücke ich mich ein wenig um physische Anstrengungen, das Umstechen von Beeten, hektisches Tennisspielen, Achtstundenmärsche. Träge bin ich geworden; Gymnastik und Radfahren habe ich allerdings mein Leben lang verabscheut. »Wie kommt es, daß Sie so dünne Beine haben?« fragte denn auch prompt mein Arzt. »Erbe meines Vaters«, antwortete ich, dachte jedoch: Abgehoben! Abgehoben und körperlich faul!

Und heute, zu allem Überfluß, auch noch depressiv. Ich werfe mich in den Liegestuhl, weiß nicht, wohin mit Herz und Hirn und diesem steifen Bewegungsapparat, der überall schmerzt. »Null Bock« nennen unsere Kinder einen solchen Seelenschleimzustand. Wo ist die Freude geblieben?

»Humor hast du keinen«, pflegen Mann und Kinder gelegentlich anzumerken, wenn ich mich über etwas aufrege, was möglicherweise in dem Heilmittel Humor leicht auflösbar gewesen wäre – nein, Humor habe ich keinen. Zumindest nicht im Umgang mit der Familie; sonst – meine ich – bin ich gern amüsant und fröhlich und erfindungsreich. Was ist es nur, das mich in diesem vielgeliebten Riedern, MEINEM, UNSEREM ZUHAUSE, in dem all die kleinen Lebensglücke versammelt sein müßten, immer wieder unter

Gewitterwolken drückt? Die Bürde geleisteter und ungeleisteter Pflichten? Das wäre beschämend, ja lächerlich.

Mich bäuchlings in den Liegestuhl pressend, fröstelnd und schwitzend zugleich, versuche ich, ein wenig Bilanz zu ziehen. Mein Ist-Zustand: Trauer! Woher, warum – im Augenblick nicht zu entziffern. Oder womöglich doch: »Sunt lacrimae rerum.« Trauer als Grundstimmung meines Lebens? Denkbar!

Undankbar!

Ich habe so viele Leben leben dürfen. Nicht zuletzt auch mit Jung-Jae und Jung-A. Der Sohn ist vierzig Jahre jünger als ich, Jung-A zweiundvierzig Jahre. Mehr als eine Generation trennt uns von den Kindern, Quelle für manchen Konflikt. Sie wollen erwachsen werden; wir wollen altern. Da stoßen sich die Rhythmen im Raum. Die Ängste der Mutter sind nicht IHRE Ängste, die Erschöpfungen des Wachsens andere als die abendlichen Müdigkeiten von Julian. Mit ein wenig mehr Toleranz wäre all das Widersprüchliche womöglich leistbar. Doch – wer ist schon tolerant?

Auch beruflich haben sich für mich die Gewichte verschoben. Früher mußte ich leisten und beweisen; jetzt muß ich bezeugen! Eine völlig andere Situation. Früher mußte ich Geld verdienen, mir einen Namen machen (wie man so sagt), die Kinder großziehen, einen Haushalt leiten. Jetzt erwartet man von mir tiefschürfende Auskünfte darüber, wie das alles vereinbar gewesen sein könnte, »Gott und die Welt«. Das »Lebenszeugnis« wird gefordert; ich habe keines. Fast alles ist mir geschenkt worden.

Julian hat den Garagenboden gestrichen. Jetzt, vor dem herannahenden Gewitter, hilft er mir, Liegestühle, Bücher und Notizblöcke unter das Terrassendach zu räumen, tupft zärtlich auf meine Nasenspitze. »Alors, on vieillit?« (Also, werden wir alt?) – »Mais oui, chéri; et combien!« (Aber ja, mein Schatz; und wie!) – »Ce nést pas grave!« (Das ist nicht so schlimm.)

Auch nach achtzehn Jahren Ehe, gelebt in Bayern, ist Französisch für Julian und mich die Sprache der Liebe geblieben. »Nächsten Sommer gehe ich in Rente, Maui! Kannst du dir das vorstellen?«

Schlecht! Ich lache über den gestelzten Beamtensatz, freue mich mäßig und rechne mir aus, wie oft mein »Hausmann« dann ahnungslos über den – in einem Durchgangszimmer stehenden – Schreibtisch stolpern wird.

19. August

Eigentlich hatte ich mir diese Ferientage ganz anders vorgestellt, schwebend, locker, nur Julian und mir gehörend. Tu parles...!

Kaum sind die Kinder zu ihren Sprachkursen nach Malta und Frankreich gestartet, entdecken wir die Mängel, die aufzuarbeiten uns das normale Jahr nur selten erlaubt. Wer streicht schon Garagenböden, wenn er nach einem Achtstundendienst im Krankenhaus nach Hause kommt und wenigstens einen Augenblick lang die Sonne sehen will? Wer taut schon eine vereiste Kühltruhe ab, die er kürzlich erst wieder vollgestopft hat mit sperrigen Pizza-Packungen? Wer läßt schon, mitten im Sommer, die Heizung kontrollieren, vergleicht Ölpreise oder quält sich ab auf der Suche nach Handwerkern, die das von Mardern zerfressene Thermodach reparieren?

Julian sagt: »So, und jetzt brauche ich einen Termin beim Hals-Nasen-Ohren-Arzt, dann einen zum Röntgen, außerdem muß mein Tennisarm noch mindestens 14 Tage lang weiter behandelt werden. Zweimal die Woche...«

Ich sage: »Vielleicht ist mein Zahnarzt noch nicht in Urlaub; ich könnte... Außerdem ist eine Mammographie überfällig. In meinem Alter, weißt du. Du kennst die Geschichte von M.: Vorsorgeuntersuchung, zwei Tage später Brustamputation! Und um meine Füße muß ich mich auch endlich kümmern; kennst du einen Arzt, der...!«

Das Haus füllt sich mit Zäpfchen, Tropfen, Pillen und über das Telefon gepinnten Rezepten. Gräßlich! Und jetzt nicht mehr nur eine »déformation professionelle« meines in einer Rehabilitationsklinik arbeitenden Mannes, sondern schlicht und einfach eine Begleitmusik unseres Älterwerdens. Wir haben bislang nur »Wehwehchen«, keine chronischen Leiden, nur Andeutungen davon, was uns später erwarten wird. Die Beine, die Beine!

Wütend werfe ich Beipackzettel in den Papierkorb. Überall liegen sie herum, wollen gelesen werden. Sammle die Hunde-Medizin in das eine Körbchen, meine Tabletten in ein zweites und Julians Medikamente... doch da reagiert der »Profi«, will nicht, daß etwas angerührt wird von seinen Binden und Fläschchen und Pillen. So bleibt alles verstreut, wie es war.

Am Abend, während ich die Kochanweisung für einen Soßenbinder zu entziffern suche, fällt mir die Lesebrille herunter, zersplittert in tausend Stücke auf den Kacheln des Küchentischs. Auch das noch! Das Brillendrama, die wahre »Midlife-Crisis«!

Lesebrille, Fernsehbrille, getönte Brille, verlaufende Gläser, Sonnenbrille, deine, meine, Jung-Jaes? Das Etui liegt auf dem Schreibtisch, doch es ist leer. Wo bin ich zuletzt gewesen? Wo habe ich meine Augen abgelegt? Hast du meine Brille gesehen, Maui? Hier, nimm meine... ach, mit der kann ich doch nicht richtig lesen. Die ist ja ganz verschmiert! Hast du noch ein Brillentuch in der Schublade, so ein feuchtes? Möglich! Schneide du einmal Zwiebel mit der Brille, heb den Deckel vom Kochtopf, öffne das Bratrohr, putze Salat... übermorgen muß ich in Salzburg meinen Vortrag halten; wie soll ich dann, bitteschön, das Manuskript lesen, lieber Mann?

Hastigtermin bei der Augenärztin, die mich zwischen hundert andere Brillenprobleme hineinschiebt in ihren überfüllten Terminkalender, Hastigtermin beim Optiker. Lächelnd teilt er mir mit, auch das Gestell sei unbrauchbar, weil dreimal gebrochen. »Ich hoffe, Madame, Sie gehen mit Ihrer Familie sanfter um als mit Ihren Brillen!«

Zuletzt werden es doch noch sieben wundervolle Tage, die uns erlauben, zu sein, was wir sind: ein alterndes Ehepaar, das nach vorne schauen will, dabei aber schon verdächtig oft in den Fotoalben blättert: »Weißt du noch...?«

Sind wir dabei, die Lebensernte einzubringen, den herben und fruchtbaren Humus der Zeit, oder wagen wir uns nicht mehr recht weiter? Beides ist möglich.

21. August

Zehnuhr-Termin in der Röntgenabteilung unseres Kreiskrankenhauses. Mammographie, zu der ich schnell noch eine Kontrolle des Magen-Darmtrakts hinzuerbettle. Maria setzt sich neben mich auf die Wartebank; sie arbeitet in dieser Abteilung; das mit der unvorhergesehenen zweiten Untersuchung wird sie schon schaukeln.

Maria hat Allergieflecken im Gesicht; ihr Bruder sei gerade gestorben, erzählt sie, fünfzig Jahre alt, Nierenkrebs. »Zuletzt war es hart, sehr hart. Doch er durfte zu Hause sterben. Seine Söhne haben ihn gepflegt, gefüttert, zuletzt gewaschen und angekleidet, denk nur, die Buben, die nichtsnutzigen! Alles haben sie für den Vater getan . . . !«

Marias Hand liegt auf meinem Knie. Ich denke. Denke auch, daß jede Krebs-Vorsorgeuntersuchung die Ankündigung eines Todesurteils sein kann. Weiß auch: ich bin nicht gerade schonend umgegangen mit meinen Kräften.

Der Arzt – sehr sanft, grauhaarig, grauäugig, mit einem kleinen mediterranen Einschlag – zeigt mir Tennisballgroßes auf vier verschiedenen Negativ-Bildern, ausgefranste Bälle.

»Sehen Sie: diese Aufnahme ist von 1980. Und diese von 1989! Doch stark verändert. Wir müssen das beobachten. Kommen Sie in vier Wochen noch einmal!«

Ich komme nicht! In neun Jahren vielleicht. Wenn bis dahin noch Zeit bleibt.

Im Auto ist mir nach Beten zumute. Dank, Herr, für mein Leben! Und wenn es morgen zu Ende wäre, . . . wenn es morgen zu Ende ginge, hilf mir, inmitten meiner Todesangst, dennoch zu bezeugen: ES WAR GUT!

Gewittrig ist der Tag; wird es regnen, oder muß ich noch gießen? Für die nächsten zwei Stunden entheben mich Telefonanrufe der Entscheidung. Ein Anruf lautet: »Ich komme noch schnell vorbei!« – »Nein«, stöhne ich – »bitte nicht!« Zu ängstlich, zu verschwitzt ist meine Seele heute. Die Rosen haben Rostflecken; nicht EIN junges Blatt wächst nach. Schneide ich eine Knospe für die Vase, zerfällt sie mir in der Hand.

Gegen neun Uhr abends kommt die Freundin trotzdem, bringt einen Strauß aus weißen Blüten und Sumpfgras, der meine ganze Kunst des Blumenarrangements beschämt, und will nur bleiben »auf ein Glas«. Wir reden – wie sollte es anders sein – über unsere Söhne. O. ist sechs Monate älter als Jung-Jae; beide gehen ins gleiche Gymnasium. Können einander nicht riechen. Vielleicht, weil O. ein »Punk« ist, und Jung-Jae so gern ein »Punk« wäre. Das Kind in ihm aber macht, daß er Mickymaus-Hefte liest. Seinen stämmigen Koreaner-Körper auf Hochform zu trainieren, wie ein Bauernbub zu fressen, den Teller abschlecken und mit Verbalinjurien um sich werfen: all das zusammen macht noch lange keinen »Punk«.

Während wir Mütter uns unterhalten und ich mich ganz klein mache auf der Couch, um heute einmal keine Prügel einstecken zu müssen, ruft Clausen an. Seit Jahren haben wir uns nicht gesehen und früher immer nur zusammen mit seiner Frau, einer Ärztin.

Clausen duzt mich. Im Krankenhaus sei er, Lungenödem, fast zu Tode gesoffen habe er sich, Entzug jetzt, schauderhaft. Und du?

Ich verspreche, später zurückzurufen. Bis 11 Uhr nachts ist das Clausen-Telefon besetzt; Einsamkeit, Langeweile – irgendwo in den Äther geschickt. Zu mir. Warum zu mir?

Endlich! »Was ist los? Hast du versucht, dich umzubringen?« – »Man kann es so nennen!« Es folgt eine ausführliche Analyse des eigenen Zustands, Pappmachéworte, psychiatrisches Blabla, Tabletten, Dämmerzustände, Ex-Ehefrau gekränkt, da ständig Freundinnen, gemeinsame Tochter ganz süß, aber eben auch »Überflieger«, Vorsicht vor Überfliegern! Und jetzt müsse man endlich seine Seele suchen, fünfzig sei man – »bitte, bitte komm mich besuchen!«

Ich verspreche es, schaudernd. Jetzt muß ich auch noch Über-Mama spielen für einen kleinen Prinz Eisenherz, Chirurg, Stabsoffizier bei der Bundeswehr, der mir in ein paar Tagen Blumen schikken wird, begleitet von einem Kärtchen: »Hätte ich dich früher gekannt, wäre ich dir nachgelaufen!«

Ich weiß es, HIER bin ICH nicht gemeint. Bin nur Projektion einer anderen »Über-Mutter«, der geschiedenen Frau.

Das häuft sich in letzter Zeit, solche Bitten um Rat und Hilfe, die merkwürdigsten Anfragen. Ich versuche, zu antworten, doch möchte ich um keinen Preis zur »Alten hinter den Bergen« verkümmern, die aus dem Kaffeesatz liest. »Lebenshilfe«, ja; ein solcher Dienst ist uns, die gelebt haben, aufgetragen. Doch sie immer wieder einsammeln müssen, all die Närrischen und Spinner und Vernachlässigten, die mich aus irgendeinem unerfindlichen Grund zu den IHREN zählen, das ist ein undankbares Bemühen. Oft genug versuche ich es; bei Clausen schließe ich das Tor.

Der Tag ist noch nicht zu Ende. Während Julian und ich versuchen, die Ereignisse, die keine Katastrophen sind, wohl aber eine satte Summe von Mühseligkeiten und Inanspruchnahmen – während wir also versuchen, das Chaos zu ordnen, springt Waschi auf Tashi; die kleine Hündin ist läufig, zum erstenmal. Und wir können unseren Wochenurlaub in Südfrankreich vergessen.

Gegen Mitternacht, unter einem teiggelben Halbmond, ziehe

ich den Schlauch über die Wiese. Nicht so sehr wegen der dürstenden Pflanzen, vielmehr um diesen bedrückenden Tag mit all seinen Anfragen in die Erde zurückzuschwemmen, aus der er gewachsen ist.

23. August

Sehnsüchte.

Einmal still werden, einmal still sein dürfen! Heute morgen gab es einen solchen Augenblick des Glücks. Von keiner Außenzeit bedrängt, lasen Julian und ich im Bett, eine riesige Kaffeekanne auf dem Nachttisch. Von draußen Sommerwärme, das Bimmeln der Kuhglocken, ab und zu Vogelgezwitscher; ein Himmel wie altes Glas, blasig und prismenhaft.

Nicht aufstehen! Nie mehr aufstehen! Das Jahr hereinbrechen lassen über unsere müden Körper, gären, verrinnen... Julian schiebt seine Zeitung vom Gesicht, stellt fest: »Gestern, Maui, hast du geweint.«

»Geweint, wieso? Ich habe den Mond angeheult, nennst du das weinen?«

Es stimmt, ich habe den Mond angeheult; es war weit nach Mitternacht. Einen beleidigend nackten Dreiviertelmond, der durch die wirren Gerüche unseres Gartens schwamm und die Wasserlöcher beleckte. Im Rosenbeet wollte ich begraben sein mit all meinen Ängsten, Enttäuschungen und den unausgefüllten Zeiten des Wartens. Warten auf einen Anruf der Kinder, Warten auf ein klärendes Wort aus Brasilien, wo wir zwei Filme planen, Warten auf eine winzige Zärtlichkeit des Sohnes – Warten auf das Leben selbst, das vielleicht noch einmal aufblüht aus roten, dem Mittag zugewandten Kelchen... Im Rosenbeet wollte ich begraben sein...

Als Julian mich ins Haus holte, hatte ich blutige Arme. Das werden die Kinder nie wissen.

Während wir gemeinsam das Haus aufräumen, denken wir nach über die geplanten Brasilienfilme. Was ist zeitlich machbar, was finanzierbar, was kann vorbereitet werden? Was können wir GEMEINSAM tun? Wer nimmt uns für eine Weile Haus, Kinder und Hunde ab? Im Augenblick sind sie zu Schattenrissen geworden, vor deren Hintergrund ein anderes Drama spielt: das Drama der rapiden Verarmung der Dritten Welt. Da bleibt uns nur zu schreien oder – angesichts unserer lächerlichen eigenen Probleme – still nach Hause zu gehen. Und die Erde sich selbst zu überlassen. Zuweilen – es ist ganz unglaublich – schwingen die Völkerpendel aus zu weltverändernden Gnaden.

25. August

Abendessen mit Freunden in München. Nicht nur neun Kinder hat dieses Ehepaar S. großgezogen, sondern auch noch ein ganzes Stück Weltgeschichte mitgestaltet und miterlebt. Die Zeiten des Dritten Reiches! Jetzt sind sie Mitte achtzig. H. lebt ganz in der Vergangenheit, C. ganz in der Gegenwart. Und wo leben wir? fragen Julian und ich uns auf dem Heimweg? Haben wir wirklich »Entwürfe für morgen«, private und weltoffene? Was werden wir tun mit der uns verbleibenden Zeit?

Erwartet uns wirklich nichts mehr als die fragwürdige Freiheit des Rentenalters, auf das Julian jetzt zusteuert? Der Seniorenpaß, Spartarif für die Fahrt zum Ende? Mir ist ein wenig bange vor dem nächsten Jahr. Irgendwie, trotz aller Zärtlichkeit und Zurückhaltung, beengen wir einander. Ich kann nicht schreiben, wenn ich weiß, daß Julian mir alle zehn Minuten etwas auf den Schreibtisch legt oder sich eifrig hinter meinem Rücken zu schaffen macht. Einmal fragte ich ihn: »Sag mal, bist du eifersüchtig auf die Schreibmaschine? Manchmal nämlich empfinde ich dein Hereinkommen oder Hinausgehen als bewußtes Störmanöver.«

Er denkt nach, ehe er antwortet; seine Seefahreraugen schauen durch mich hindurch.

»Bewußt? Nein, bestimmt nicht.«

Während ich dies schreibe, reißt er die Tür auf, stellt mir den Korb mit Bügelwäsche aufs Bett, fragt, fast unfreundlich: »Wo ist die Hündin? Warum hat Tashi ihr Höschen nicht an?«

Ich muß lachen.

Manchmal denke ich, unsere deutsch-brasilianischen Freunde haben die ideale Lösung gefunden: im gleichen Haus hat jeder von beiden sein eigenes Appartement. Und eine eigene Telefonnummer.

»Unser Altersheim«, hatte C. vergnügt bemerkt . Schon vor dreißig Jahren habe man das vorausgeplant. C. ist dreißig Jahre älter als ich. Sollten nicht auch wir uns allmählich Gedanken machen? Schon sehe ich unsere Rosenbeete absterben, Meter für Meter. Weil ich sie nicht mehr bewältigen kann. Ich sehe vor mir das Sterben des einstigen Wundergartens meiner Mutter – die tapfere Übergabe an das Nicht-mehr-Leistbare!

Doch da sind die Kinder, die im Augenblick noch jedes Vorausdenken zunichte machen. Und das ein klein wenig und scheu Bedachte, nämlich uns in Südfrankreich einen bescheidenen Alterssitz zu suchen, um Julians nun bald zwanzig Jahre währendes Exil in der bayrischen Knödellandschaft zu beenden. Nun, auch dies scheitert schnell an der unerbittlichen Rechenaufgabe ZEIT! In zehn Jahren werden wir nicht mehr mit dem Auto tausend Kilometer... und zurück!

Zusammenpacken für ein paar Tage Salzburg. Theologentagung: »Bilder des Menschen.« Mein Thema: »Zukunftsentwürfe aus der christlichen Welt.« Bücher um Bücher habe ich in den letzten Monaten durchforstet nach Utopien. Da war nichts, außer in der »Theologie der Befreiung«, die gerade so unwürdig entmachtet und geschlachtet wird. Alles ist kleinkariertes Kirchengezänk, »Bewahranstalt für den rechten Glauben«, dem man damit auch noch die letzte Feder aus der Schwinge reißt. An der Basis allerdings tut sich einiges, unbekümmert um amtliches Wohlwollen. So hat der Kirchenrat der Niederlande soeben syrischen Familien jenes Asyl angeboten, das die Regierung zuvor verweigert hatte. Ziviler Ungehorsam im Namen der Menschlichkeit! Hier sehe ich Zeichen einer künftigen Beheimatung für Julian und mich.

Am letzten Tag der theologischen Vorträge in Salzburg hatte sich übrigens ein Spitzel in die Gruppe eingeschlichen, ein Denunziant, ein Nach-Rom-Berichter! Verstört und wütend forderten ihn die Teilnehmer schließlich auf, den Saal zu verlassen.

28. August

Christine ist seit gestern bei uns, die neunzehnjährige Tochter eines Freundes von Julian. Mein Mann hat ihr in seiner Klinik einen Ferienjob besorgt; jetzt liefern die Eltern ihre Jüngste bei uns ab.

Abend auf der Terrasse, Gespräche. Wir kennen uns kaum. Austausch von Lebensgeschichten, verkürzt, eindringlich. Arbeiterpriester war Francis gewesen; wie viele seiner Mitbrüder geriet er in den Strudel der 68er Jahre, Konflikt mit der Amtskirche, Rückversetzung in den Laienstand, Vertreterdasein, miserabel: Schlüssel und Sicherheitsschlösser! Später, Jahre später, heiratete Francis eine Witwe mit drei Söhnen. Schlüssel und Sicherheitsschlösser, jetzt für das Lebensnotwendige von fünf Menschen. Dann wurde Christine geboren, das »Christkind«, das Traumkind einer späten Liebe. Doch als sie in der Welt war, hatte der Traum sich schon aufgezehrt: Schlüssel und Sicherheitsschlösser für sechs Personen! Francis brach zusammen. Mit sechzehn Jahren unternahm Christine ihren ersten Selbstmordversuch. Mit achtzehn den zweiten. »Es war mir nicht wirklich ernst«, sagt sie heute, »ich wollte leben dürfen, nicht sterben!«

Beim Abendspaziergang faßt Valérie, die Mutter, ganz zart meinen Arm.

»Ich bin nie etwas gewesen; ich werde nie etwas sein. Ich habe nie etwas gelernt und nie etwas besessen. Ich habe versucht, den vier Kindern einen bescheidene Startmöglichkeit zu schaffen und Francis zu helfen. Das ist alles.«

Ihre Demut rührt mich. Valérie ist ganz heil und hell in ihrem Sich-Zurücknehmen.

Noch spät in der Nacht sitzt sie im Zimmer ihrer Tochter. Die beiden so verschiedenen Frauen haben Mühe, voneinander Abschied zu nehmen. Christine weint. »Mama, das ist für mich der wichtigste Mensch auf der Welt.«

Am Morgen fahren die Eltern nach Frankreich zurück, Sechzigjährige, die das Leben – mehr als uns – zerzaust hat mit seiner unerbittlichen Kälte und – Güte.

Christine übrigens hat nach einer Woche ihren Ferienjob in der Klinik hingeworfen und – so viel ich weiß – auch eine große Liebe zertrümmert.

Ge-brechlichkeiten, Zer-brechlichkeiten, Wandlungen der Liebe! Nicht immer gelingt es mir, damit zurechtzukommen. Dieses Auseinanderdriften der Körper im Prozeß des Älterwerdens, das Abwehrende, Sich-Zurückholende wie eine Pflanze im Herbst – zuweilen tut es weh, wenn nur noch die Hände verschlafen zueinanderfinden.

Noch nicht in die Vereinsamung, wohl aber in die Vereinzelung holt die Zeit uns zurück. Ein Leben lang haben wir darum gekämpft, unserem Monadendasein zu entrinnen, ein DU zu werden für ein ICH. Jetzt kehrt der Prozeß sich um, die Vorhänge fallen. Sanft fallen sie, doch mit der grausamen Entschiedenheit von Herbstblättern. Die goldene Körperlichkeit von einst, jetzt hat sie einen Anhauch von Scheu und Scham. Der Mund ist schmal geworden, die Zahnbrücken schmerzen im Kiefer, die Nägel splittern. Und wie verlegen man die Beine mit ihren Rötungen und Verhärtungen unter den Couchtisch schiebt...

Gestern, in einem Anfall von Blödsinn und Siegerwillen, habe ich Julian ein Ölbild der vielleicht sechsjährigen Maui unter die Nase gehalten: »Schau nur, wie dünn mein Haar damals gewesen ist. Und jetzt ganz dick...!« Zärtlich streicht er über den von einer Dauerwelle aufgeplusterten, ergrauenden Schopf.

Ich müßte Gymnastik machen, meine schlaffen Bauchmuskeln trainieren, die Besenreiser an den Füßen behandeln lassen – (bei Filmaufnahmen in einem Pariser Altenheim hat es mich verstört zu sehen, wie – vor allem bei Frauen – der Tod parasitenhaft von den Füßen zum Körper hinaufwuchert) – ich müßte, ich müßte... gelassen werden. Wie stellt man das nur an? In den Liebesbriefen des 85jährigen Henry Miller an die junge Brenda Venus las ich gestern: »Meines Erachtens ist Gelassenheit wichtiger als Glück. Glück ist ein sehr überbewerteter Begriff.« Mag sein!

Vielleicht liegt schon Gelassenheit darin, daß man dem Körper sein langes, langsames Abschiednehmen zugesteht, nichts zurückreißen will in eine abgelebte, abgelegte Zeit. Kein »lifting« der Obstbäume im Herbst! Zurückschneiden, vertrauend auf ihre Kraft.

29. August

Abend in einer Bergnische der Bayrischen Alpen. Die späte Sonne nimmt den Felswänden das Bedrohliche. Nichts Feindliches ist um uns. Der Grüne Veltliner schmeckt herrlich nach Erde. Die Erde nach Segen.

Wir schweigen und schauen. Tageswechsel haben für mich immer etwas von der Unsagbarkeit der Zeit, ihrer Glorie, ihrem Zerrinnen und schließlich – NICHT-MEHR-SEIN.

Wie viele Abende noch, Julians Hand auf der meinen?

Da läßt ein seltsames Grunzgeräusch mich den Kopf wenden. Ein

Krüppelkind liegt im Arm seiner Mutter und wird mit der Flasche gefüttert. Sechs, sieben Jahre alt mag der Junge sein. Er lallt; zärtlich lallt die Mutter zurück. Da sind noch zwei Geschwister, eislutschend, gesund, und da ist ein stiller Vater, der den Sohn schließlich in einen Kinderwagen mit vielen Gurten packt. Ich sehe die nach außen gedrehten Beine. »Schönen Abend noch«, grüßt die Frau. Sie schiebt das Wägelchen bergwärts. Ein Leben lang.

Für ein paar Tage reden Julian und ich nicht über die Wehwehchen des Alterns.

30. August

Elisabeth und ihr Mann Paul haben sich zum Abendessen angesagt. Wir lieben beide sehr; viele Fäden hat das Leben im Lauf der Jahre zwischen uns geknüpft. Das lange, langsame Sterben der Tochter etwa. Mozartmusik im Nymphenburger Schloß. Das Bäuerliche, zugleich aber auch immer Adelige alpenländischer Kultur. Blumen –

Für Elisabeth habe ich in den letzten Tagen unseren Garten »herausgeputzt«; mir war, als sähe ich jede Blüte mit ihren Augen. Der Tisch ist festlich gedeckt – Rosa und Lindgrün. Die Menüfolge nimmt Rücksicht auf den krebsgeschädigten Magen der Freundin.

Krebs – seit sechs Jahreszeiten stirbt Elisabeth. Fünfundzwanzig Tage hatte der Arzt ihr gegeben nach einer schnell abgebrochenen Operation. Aus den Tagen sind Monate geworden. Elisabeth hat ihr Haus bestellt mit Demut, Umsicht und Güte. Als alles getan war – die letzten Sommerkleider verschenkt – dauerte, unbegreiflich, das Leben an. Eine neue Sommergarderobe mußte angeschafft werden. Wir haben Feste gefeiert, Geburtstage, die goldene Hochzeit von Elisabeth und Paul. Feste, die die Intensität des »Letztmaligen« hatten – malvenfarbene Feste!

Sechs Uhr! Julian liest »Le Monde« und lauscht zum Feldweg hin. »Sonst sind sie doch immer so pünktlich...!« Ich gehe ums Riedernhaus, zum wievieltenmal? Die schönsten Rosen habe ich heute morgen zu einem Strauß gebunden und mich dabei an Elisabeths Bemerkung erinnert: »Rosen vertragen keine anderen Blumen neben sich. Sie sind sich selbst genug.« Jetzt welkt der Strauß in der Gießkanne.

Sieben Uhr! Ich versuche, in München anzurufen. Keine Antwort auf beiden Nummern. »Wahrscheinlich hängen sie im Ferienstau«, meint Julian und genehmigt sich einen Apéritif.

Wir ahnen, daß es kein Stau ist. Endlich gelingt es mir, Lis, die Enkelin, an den Apparat zu bekommen.

»Großmutter ging es schon die ganze Woche nicht gut; gestern mußte sie wieder ins Krankenhaus. Großvater hat offenbar vergessen, euch Bescheid zu sagen. Tut mir leid; ihr wißt ja, wie verloren er ist ohne Großmutter!«

Verloren! Elisabeth starb zwölf Tage später. Zu Hause. Wir haben sie noch besucht. Und gesegnet. SIE uns. Von weither schon.

An diesem 30. August haben wir den Festtisch abgeräumt – Lindgrün und Rosa – dann in der Küche lustlos die Lauchcremesuppe in uns hineingelöffelt. Draußen duckten die Rosen sich fahl in die Nacht. »Schneewittchen«, die Porzellanene, Weiße – Elisabeths Lieblingsblume.

1. September

Noch sind die Kinder in den Ferien, und wir haben ein wenig Luft, die Dinge zu tun, die wir uns schon lange vorgenommen hatten. Ein paar Tage Schweiz – halb Arbeit, halb Urlaub –, Freunde besuchen und sich die Seele füllen mit schönen Bildern! In der St. Gallener Stiftsbibliothek sind im Augenblick alte Weltkarten ausgestellt. Weltkarten haben mich immer fasziniert; die allmähliche »Inbesitznahme« der Erde durch den Entdeckungsgeist des Menschen!

Auf einer sehr frühen Karte ist eine strichdünne, noch keineswegs kugelförmige Erde aufgehängt an einer Christusgestalt. Europa, Afrika, Asien, dann – wie ein Gewandfetzen – »terra incognita«. Fünfhundert Jahre ist es her, daß Amerika entdeckt wurde. Und – mehr oder weniger – im Jubiläumsjahr der Conquista ausgerechnet will sich die Europäische Gemeinschaft zusammenschließen! Auch dies ist ein Grund unserer Schweizreise. In einem Raum in der Stiftsbibliothek nämlich hat auch der »Rat der Europäischen Bischofskonferenzen« seinen Sitz. Unsere Frage an den Bischofsvikar: »Welche Rolle kann, soll, wird die Kirche, werden die christlichen Kirchen in der künftigen Europäischen Gemeinschaft spielen?« Vorbereitungsgespräche zu einem Film im nächsten Jahr.

Hitzewellen über dem Zürichsee, stumpf das Wasser, der Himmel wie Sand. Freund L. führt uns zu einem Restaurant, von wo aus man einen weiten Blick auf die nächtlichen Lichter hat. Bezaubernd das »Ländli«, ganz abgehoben von den Widrigkeiten der Welt, auf die uns Julian mit einer freundlich-bissigen Bemerkung zurückholt: »Und unter den Lichtern liegt dann das Geld der Cäsaren; Duvalier, Marcos, Mobutu, und wie sie alle heißen.« – »Ja«, bestätigt L., fragt, ob wir gern Fisch essen. Er verdrängt nichts, im Gegenteil. Sein Leben lang hat er als Jesuit und Journalist angekämpft gegen jede Art von Erpressung und Unrecht. L. ist auf wunderbare Weise alterslos, weil er voll von Lebensneugier ist. Nicht »lebensgierig«, keine Spur. Das wäre das Gegenteil seines heiteren »Um-Alles-Wissenwollens«. Einmal habe ich ihn nach Wackersdorf begleitet; das war am Wochenende NACH dem endgültigen AUS. Inmitten der Marterlgemeinde stand er da wie ein Junger, der sich einweihen läßt in die Mysterien von Gewalt und Gegengewalt. Er schaute, er hörte zu, fragte – nahm es ihnen nicht weg, das »Gesetz des Handelns«, sagte schließlich in seiner kurzen Predigt: »Das Ding ist weg, doch es ist nicht SO weg, wie Gott es weghaben will; man hat es nur weitergereicht nach England und Frankreich...«

Bei der Nachspeise, den »Äpflküachli« – L. läßt mich das unaussprechliche Wort so lange wiederholen, bis die Vanillesoße kalt ist –, schwelgen wir in unseren Gemeinsamkeiten. Unserer Zorn-Liebe für Lateinamerika etwa (Zorn-Liebe, weil die »Verwüstung der lateinamerikanischen Länder« bis heute weitergeht, mit Methode). Bei der zweiten Flasche »Fendant« sind wir bei der Züricher Dalì-Ausstellung gelandet. Jedes Bild, jedes Detail hat L. im Kopf. Er sagt: »Wenn ihr morgen hingeht, dann löst mir das Rätsel, warum Dalì immer wieder diese Zinken gemalt hat, die Dinger eben, an denen man früher Kochtöpfe über das Feuer gehängt hat. Oder geht besser nicht hin. Ihr findet dort keinen Parkplatz. Und eigentlich ist das auch egal mit den Zinken...«

L., über siebzig, besteht darauf, zu Fuß nach Hause zu gehen. »Bis morgen!« Wir umarmen uns; immer wieder ist es ein »nächstes Jahr in Jerusalem«.

Im Hotelzimmer sinniert Julian: »Wie L. lebt, genau das möchte ich immer unseren Kindern schmackhaft machen: LUST AUF LEBEN, selbst auf die Gefahr hin, daß es weh tut. Daß man irgendeine Treppe hinunterpurzelt oder einen nassen Schwamm ins Gesicht bekommt. Dieses ›Null-Bock‹ der beiden macht mich noch verrückt.« Ich stimme ihm zu, hole Henry Millers späte Liebesbriefe vom Kopfkissen, lese, was ich vergangene Nacht angestrichen habe mit einem grünen Stift:

»Schau nicht weg, liebe Brenda. Sieh alles und jedes offen an. Schau allem ins Auge, Gutem wie Schlechtem. Gott sei mit Dir!« Jung-Jae und Jung-A ins Stammbuch geschrieben!

2. September

Mittag in Luzern. Die Totentanzbilder auf der Brücke! Fürst und Bauer, Jungfrau und Söldner – tout passe! Totentanz – warum TANZ? Ist da wirklich ein Angleichen der Schritte zwischen Töter und Eingeholtem?

Marie lächelt. Schampus hat sie für uns bereitgestellt; der Papagei grinst in seiner Volière, die Hangwiese rostet. Nach dem Begrüßungstrunk ruft Marie nach ihrem Mann: »Giorgio, kemscht aba, unschre Freind hen kumma!«

Ein zartes Gespenst erscheint auf der Treppe, gleitet abwärts, schaut durch uns hindurch. Ich lege den Arm um die flatternden Schultern. »Georg, wir sind es, Julian und ich!« Da kommt es zurück für Augenblicke, das karge Lächeln, und die Stimme wird fest wie ehedem. »Mir isch net wohl heut, weischt!« Wir wissen es.

Marie drückt ihrem Mann ein Glas in die Hand, drängt ihn ein wenig ungeduldig zum Eßtisch, erklärt das Menu. Ein paar Minuten krümmelt Giorgio mit der Gabel in den Bohnen herum, läßt sie über den Tellerrand schleifen, steht auf, verschwindet auf der Treppe.

»Verzeiht«, sagt Marie ruhig, »es gibt Situationen und Tage, da verweigert er sich. Zieht sich ganz in sich selbst zurück. Immer häufiger geschieht es, daß die Außenwelt ihn verstört. Irgendwann, meine ich, muß ich ihn ziehen lassen in den größeren Wind...«

Erst seit zehn Jahren ist Marie mit dem ehemaligen Staatsanwalt Giorgio verheiratet. »Wir sind Spätberufene«, pflegen beide sich über ihr spätes Zueinanderfinden lustig zu machen. Neben dem Hauseingang ist eine Plakette in die Wand eingelassen, die es vielleicht besser weiß: »Marie des Sept Epées«, eine Anspielung auf Paul Claudels »Seidenen Schuh« – auf die »unmögliche Liebe«.

Abschied von einem alten Freund. Wie ich dies Marie sage, wird ihr herbes Madonnengesicht weich. Als Krankenschwester, die einst im afrikanischen Busch gearbeitet hat, steht sie Leben und Tod ohne Heuchelei gegenüber. »Sag Georg, daß ich ihm viel verdanke«, bitte ich, »lies ihm noch ein paar Zeilen aus meinem letzten Roman vor; es ist ein Buch der Versöhnung.«

Marie verspricht es; kerzengerade begleitet sie uns zum Auto. In den Volièren haben die Papageien und Sittiche sich zu neuen Partnerschaften gruppiert.

4. September

Wie angewiesen wir doch sind auf Beständigkeit!

Seit vielen Jahren bin ich bei Renate, der Fußpflegerin, immer zur gleichen Stunde, am gleichen Ort.

Zwei Frauen, die Kindersorgen und Kochrezepte austauschen, während die Füße in der Seifenlauge quellen. Gelegentlich kommt es auch vor, daß wir ein Glas Sekt zusammen trinken, so mitten am Vormittag und – mit Vergnügen.

Wir verstehen uns gut. Wir kennen uns gut. Dachte ich. Bis heute.

Hühneraugen, Lackentferner, Seifenlauge, kein Sekt. Ich habe Renate einen Strauß Rosen aus dem Garten mitgebracht.

»Nun ja, den werde ich wohl mitnehmen; ich wohne nämlich nicht mehr hier.«

Wie bitte? Mann und Sohn –?

»Den Sohn habe ich eingepackt, den Mann zurückgelassen.«

Heißt das ...?

»Das heißt es. Seit einer Woche lebe ich mit Arnim zusammen. Er läßt sich auch scheiden. Eine unmögliche Frau. Sie müßten sie eigentlich kennen; einen Spaniel hat sie und O-Beine und ganz ungepflegte, gefärbte Haare.«

Ich kenne vielleicht den Hund, weil Hundebesitzer alle Nachbarshunde kennen; die Verlassene kenne ich nicht. Und Renate? Hatte sie nicht immer gut von ihrem Mann gesprochen?

»Jetzt oder nie«, sagt sie und schabt mir dabei die Hornhaut vom Zeh. »Ich bin 36, ich will endlich leben dürfen!«

Über den Konflikten der letzten Wochen (Monate, Jahre?) ist ihr

Gesicht schmal und herb geworden. Der grellrosa Lippenstift schreit: Ich will leben dürfen! Noch – ohne Freude.

Zerstreut lackiert Renate meine Zehennägel. »Ich hasse ihn nicht, er ist mir nur gleichgültig, mein Mann. Zahlen wird er nicht, weder für Ralphi noch für mich. Ist auch egal. Ich mußte hier raus, raus, raus, alles andere wird sich finden. Wenn es schiefgeht, bin wenigstens ich dafür verantwortlich. Er nicht mehr...«

Der Lack trocknet. Ich frage, ob ich eine Zigarette rauchen dürfe.

»Natürlich«, sagt Renate, »ich schreibe Ihnen auch meine neue Telefonnummer auf.«

Ich fühle mich uralt, ganz steif in der Hülle meines eigenen Lebens, wo alles festgelegt zu sein scheint bis zum Ende: Julian, Kinder, Arbeit, Riedernhaus...! Kein Ausbruch! Vor kurzem hat man mir einen Posten in Mittelamerika angeboten. Als ich es Julian erzählte, schwieg er. Tagelang. Ich träumte, wohl ahnend, daß es beim Traum bleiben würde. Prompt sagte denn auch Julian nach einer Woche: »Dafür sind wir zu alt, Maui!«

8. September

Studientage in Paris. Es geht um die Frage, welche Rolle die christlichen Kirchen im Europa des Jahres 1992 spielen können. Werden sie überhaupt noch eine Rolle spielen? Ein Besuch der »Défense« mit ihrer postmodernen Architektur und dem Triumph der Multis über den Menschen läßt bei den Teilnehmern den Eindruck zurück, die schöne Macht von morgen sei ohne Seele.

An einem freien Nachmittag besuche ich den Freund meiner Studienzeit in Paris – das Musée Guimet. Kaum ein Besucher. Eine zarte, fast religiöse Stille. Das Lächeln der Khmer-Götter antwortet auf Ruhe und Licht. Nie, denke ich, nie habe ich in einem Europäergesicht so viel Sammlung gesehen. Buddhas Antlitz – für mich ist es – trotz der niedergeschlagenen Augen – ein angstfreies Schauen von Hier nach Dort. Und das Dort ist Hier.

Christi Lächeln muß ein anderes gewesen sein. Das eines, der hereingetreten ist in die Welt, in ihre Ängste, Hoffnungen, Verrate. Das tut weh, das zerreißt die Gesichter. Auch deines und meines.

Der Taxifahrer, der mich ins Hotel zurückbringt, ist ein Khmer. Geflohen aus Kambodscha vor elf Jahren. Frau und Kind in Paris,

Eltern ermordet, zwei Geschwister verschwunden auf dem langen Marsch in die Vorhölle, die dem dämonensüchtigen Asien nicht fremd ist. Bekümmert sprechen wir über die immer wieder scheiternden Friedensverhandlungen. »Bisher hat uns noch jeder verraten«, sagt der Fahrer grimmig. Nicht das ungefältelte Antlitz Buddhas sehe ich im Rückspiegel, sondern das kummervolle eines Mannes im Exil.

10. September

Während der ganzen Arbeitswoche in Paris habe ich seinen Vornamen nicht erfahren (und verbiete mir, ihn auf der Teilnehmerliste nachzuschauen). Er ist Professor an einer bayrischen Universität, etwa so alt wie ich, verheiratet, zwei Kinder, ein netter »Kollege«, nicht mehr.

Da geschieht es, daß wir nach einer Vernissage spät abends gemeinsam durchs Quartier Latin bummeln, mit dem mich so viele Erinnerungen verbinden. War ich doch 1953 hier ein Jahr lang eine ungeliebte deutsche Studentin gewesen. Über damals sprechen wir, dann über 1968 (Nächte im Odéon, in der Sorbonne, die beste aller Welten entwerfend, letzter Versuch einer Umkehr, gescheitert! Nein, nicht gescheitert, still versickert wie ein Traum in den Tag) – und über das Paris von heute, das seine alten Glieder abzuschütteln bemüht ist, und die nicht abschüttelbare, allzu schwere Last der Geschichte, im Hof des Louvre prismatisch verspiegelt – die neue Gigantomanie hat Format, Herrscherliches scheint den Parisern mehr zu liegen als Soziales.

Wir trinken ein Glas in der ehrwürdigen Rhumérie, beim Heimgehen schiebt er seinen Arm in den meinen, in der Hotelhalle sagt er: »Danke, Sie haben mir gutgetan.«

Verwundert sinne ich diesem Satz nach: »Danke, Sie haben mir gutgetan!« Ich denke an die Vergeßlichkeiten des Alltags, die Trägheit, die Gewohnheit, den lebenslangen Formelstaub, der sich so ansammelt in einem Eheleben – dann eine Berührung, ein Wort: Sie-haben-mir-gut-getan!

Frisch wie der Wind im März.

Abschiednehmende Liebesgeschichte.

11. SEPTEMBER

Ich habe es oft schon gesagt: Mit zunehmendem Alter entdecke ich DIE FRAUEN. Lerne, spät genug, ihnen schwesterlich zu begegnen. Lerne, sie zu begreifen in dem, was ich die »Heimkehr der Frauen« nennen will:

Emanzipiert sind sie gewesen, haben Karriere gemacht und sich ihren Mittelklassewagen selbst verdient; von spendablen Liebhabern wollten sie nichts wissen: »softies« mögen sie zuweilen zugelassen haben, um sie zu verwöhnen nach Mutterart. Ein Kind war geplant, das zweite kam unerwartet, kein Problem: Tüchtigkeit arrangiert sich auch mit Zufällen. Die Managermaschine um sieben Uhr morgens und abends das Baby, vergrippt, nachts wenig Schlaf, doch die Kosmetikerin wird das schon ausbügeln, die Falten, das ausfransende Lippenrot.

Nichts von alledem bei den Frauen auf unserer Paris-Tagung: rührend unbeholfene Professorengattinnen, Künstlerehefrauen mit betont weiblichen Schalwürfen über der Schulter, Kindermütter mit festen Beinen, Gesundheitsschuhen und Adventsstimme; keine Karrierewünsche, kein Machtgeplänkel mit dem Angetrauten, aber auch kein unterwürfiges Getue, nichts Kindweibisches, nicht der fatale Zungenschlag der Ewig-Liebenden: Hasilein, Mausi-Schatz...

Emanzen-Emma, wo bist du geblieben?

Mir ist in diesem Kreis, als hätten hier die Frauen eine schier unglaubliche Leistung vollbracht: die Männer begreifen gelehrt, daß auch SIE aus dem Stoff der Verletzlichkeit gemacht sind. Geliebt in ihrer Schwäche und nicht in ihrer machohaft-dummen Pfauenplusterei.

Hier sind die Frauen Frauen, die Männer – Männer. Ein rücksichtsvolles, harmonisches Rollenspiel, wie ich es in den letzten zwanzig Jahren nicht erlebt habe. Das hat mit Herzensklugheit zu tun, denke ich. Und kaufe mir auf dem Boulevard Raspail ein weiches, wollenes, weibliches Kleid.

Anruf um Mitternacht aus Frankreich. P. hat sich umgebracht, erhängt im Gartenhaus. 35 Jahre alt, verheiratet, zwei Kinder. Ein junges Menschenwesen mehr, das nicht leben konnte! Ich kenne so viele. Eine meiner Cousinen sprang aus dem 12. Stock eines Hochhauses. Wir wußten, daß es so kommen würde. Wir wußten es und konnten nichts tun.

Konnten wir wirklich nichts tun?

P. hat einmal eine Woche im Riedernhaus gewohnt. Er wollte auf die Berge, also ging ich mit ihm auf die Berge. Er fand keinen Sinn in diesem Hinauf- und Hinunterklettern, wir ließen das Bergsteigen sein. Redeten, redeten nächtelang. Unser Zigarettenkonsum stieg ins Unmeßbare.

Das schauderhafte, das so erbarmungswürdige, zwanghafte Kreisen um das eigene Ich. Als ob alle Tore der Welt verriegelt wären. Alle Wirklichkeit herausgeglitten aus dem Leben, nichts zurücklassend als diesen EINEN, verhaßten Kern: ICH.

Die Kinder, mein Gott! Die heute Zwanzigjährigen, Fünfundzwanzigjährigen! Wie hineingeboren in eine unendliche Leere. Bindungslos, bindungsunfähig, oft genug. Das Netz ist zerrissen, die alten Ordnungen, sie tragen nicht mehr. Ich hasse das Wort »Ordnung«, in seinem Namen wurde so viel Zwang ausgeübt. Dennoch: »Ordnungen« – Richtlinien, Wegweiser, Orientierungen – das wäre so wichtig, doch wir stehen da mit leeren Händen. Unter unseren Freunden häufen sich die mit »verlorenen Söhnen«. Wie viele Ängste, wie viele Träume, wie viele Therapieversuche!

Wird Gott das Festmahl bereiten für diese Kinder?

S. und P. sind tot. Beide haben eine Weile bei uns gelebt. Beide haben von uns erwartet, erhofft, wir könnten Dämme bauen gegen den Sog des Nichts – wir konnten es nicht.

Still faltet in dieser Nacht Julians Hand sich in die meine – zu einem Gebet für P. und die Kinder dieser Zeit, die nicht leben können – vielleicht, weil wir, die Alten, der Zeit den Atem gestohlen haben.

»Und dann müssen wir uns auch zu unserer eigenen Hilflosigkeit bekennen... Hier kommt die Liebe ins Spiel, Liebe, nicht Verstand, nicht Vernunft, nicht Intellekt.« Seit die Kinder aus den Sommerferien zurück sind, kaue ich an diesem Millerschen Zitat, das mit dem Satz endet: »Man darf weder zu großspurig sein noch zu bescheiden. Einfach BEREIT, alles zu nehmen wie's kommt.«

Ach! Ach so!

Wenn der sechzehnjährige Sohn es in vier Wochen Abwesenheit weder zu einer Briefzeile noch zu einem Anruf bringt! Wenn Fräulein Tochter ihren Abmarsch zu Julians Verwandten in Frankreich zuerst einmal eine Woche lang mit dramatischen Aufständen begleitet. Wenn der Indianerrat der Kirche Brasiliens nach acht Monaten auch nicht einen einzigen meiner drängenden Briefe beantwortet hat. Wenn Tashi läufig ist und Waschi deshalb durch alle Türritzen drängt. Wenn Waschi eine Lungenentzündung bekommt, weil ich ihm, nach seinem Aufenthalt im Tierheim, den Arme-Leute-Geruch aus dem Fell shamponieren wollte. Wenn mir aus der Zahnbrücke ein Stück wegbricht und eine scharfe Kante im Gaumen läßt, mein Zahnarzt aber seine Konsulspflichten wichtiger nimmt als mein »Messer im Mund«. Wenn wieder einmal ein Sturzregen die mühsam aufgebundenen Edelrosen in Bodenschwämme verwandelt und von überallher die »lamed ducks« ins Haus drängen – »take it easy«.

Brief eines alten Herrn aus Leipzig, den ich persönlich gar nicht kenne; über den Verlag hatte er mich einmal um Bücher gebeten, dann immer wieder geschrieben mit steiler, strammer Schrift, hat geglaubt, sich mit uns zu identifizieren und mit Jung-A ein Eis zu essen. Jetzt ist seine Frau gestorben.

»Es ist leer um mich; es ist eine erdrückende Einsamkeit, aus der ich flüchten will. Liebe Frau Doktor, vielleicht kann Ihr langer Weltenarm mir helfen: Gibt es in Ihrem Kreis eine Familie, die mich für längere Zeit als ›Hauswirtschaftshilfe‹ in Dienste nehmen kann? Ich bin von Kopf bis Fuß gesund, bin noch ein guter Läufer. Mein Reisepaß ist gültig bis zum 10.9.1990. Hier in der DDR ist der LIEBE GOTT zur Seltenheit geworden. Vielleicht ist ER in Bayern in einer katholischen Familie gegenwärtiger...«

Es stimmt, unausgesprochen haben Julian und ich es sich zum

Prinzip gemacht, auf Briefe zu antworten und Bittende nicht abzuweisen. Doch das ist leichter gedacht als getan. G. S., achtzigjährig, für Wochen und Wochen bei uns...? Der September ist schon so randvoll mit Schulanfängen, Vorträgen, Gartenaufräumen, Kinder-Aufsässigkeiten, Bügelfrau-Suche und den Leiden meiner Koreanerfreundin Li, Adoptivkind auch, auch zwei Selbstmordversuche. Eine zauberhafte Zwanzigjährige, die in den Arm zu nehmen mir nicht schwer fällt. Doch wie weit trägt der Arm? Berechtigte Frage. Auch Julian erinnert an die Grenzen meiner Belastbarkeit. »Wie ich dich und die Septembersituation kenne, erträgst du den Opa aus Leipzig keine vier Wochen lang, Maui!«

»Aber vielleicht vierzehn Tage, chéri...!«

Telegramm aus Leipzig: Eintreffe München 18. September, 17.59 Uhr. Erkennungszeichen: Plastiktüte!

16. September

Der 65. Geburtstag muß für Männer, die jahrzehntelang im Arbeitsleben gestanden sind, ein fürchterliches Datum sein. Das jedenfalls sagen die Soziologen und betonen, daß die Frau es hier einfacher habe, weil die Übergänge fließender seien und sie auch im sogenannten »Ruhestand« noch immer Fenster putzen und Essen kochen dürfe.

Eben haben Jung-Jae und ich meinem Freund und Kollegen L. zu diesem »Jubiläum« gratuliert. Mehr Trauer als Erleichterung, ein Aufgelöstsein, das sich auch aufs Physische übertrug. Mir war, als hätte L. auf einmal keine Konturen mehr. Er hielt sein rotes Gesicht in die Reden, schwankend zwischen Noch-Sein und Nicht-Mehr-Sein, zuletzt die Vergangenheitsform gebrauchend, wenn er sprach. Er sprach wenig. Einmal deutete er auf die biedermeierlichen Pastellbilder seiner Vorfahren, die im Eßzimmer streng und zart den Betrachter NICHT anschauten: der Vater sei dies GEWESEN, die Großmutter, die Mutter, die Schwester.

...Und jetzt ein GEWESENER mehr!

Wie ist es, wenn man als weithin bekannter Literat, der eine Sendereihe über Jahre hinweg mit seiner Persönlichkeit geprägt hat – wie ist es, wenn man erleben muß, daß nun plötzlich dieses »Wahr-Zeichen« der eigenen Existenz aus dem Sendeplan gestrichen wird?

Vorausbestattung, mit Abschiedsreden und Blumen und einer Laudatio, die recht verdächtig nach »Wegloben« schmeckt?

Wie ist es, wenn ein Erfolgsgewohnter von einem Tag auf den anderen keine Sekretärin mehr herumscheuchen, keine Dienstreise abschreiben, kein Bürotelefon mehr benützen kann? Wenn in den Formularen kein Arbeitgeber mehr auszufüllen, kein Beruf anzugeben ist? Rentner –?

Als ich vor zwölf Jahren aus einer festen Anstellung ausschied, um Jung-A und Jung-Jae, unsere beiden koreanischen Adoptivkinder, aufzuziehen, tat das zunächst weh. Ich fühlte mich irgendwie beraubt. Von einem Tag auf den anderen war ich keine Institution mehr und keine Dienststelle; ich war nur noch »ich selbst«. Und hatte berechtigte Gründe, an diesem »Selbst« zu zweifeln.

Es dauerte Jahre, glaube ich, bis ich gelernt hatte, den Verlust einer geachteten und hochdotierten Stellung nicht nur als Verlust zu sehen, sondern als Aufforderung zu einer neuen Freiheit. Keine öden Dienstreisen mehr, keine Sitzungen, keine Häme von lieben Kollegen, kein »Sich-ständig-beweisen-Müssen«, keine 130 Staukilometer täglich, keine Einkaufsjagd in der Mittagspause, kein Wettlauf mit der Stechuhr! Was mir noch lange gefehlt hat (und bis heute fehlt), ist dieser clevere, kleine Schutzengel vor der Tür, der lästige Besucher fernhält, die Papierstöße einaktet, Telefongespräche erledigt, die Terminkalender führt. Eine Hausfrau und Mutter, die zu Hause an den Schreibtisch muß, hat keinen Schutzengel. Aber da sind viele »Teufel« und »Unterteufel«, darauf dressiert, die karge mütterliche Kreativität immer wieder zu untergraben: »Mama, kannst du mich fahren!« – »Ich muß um 12 Uhr essen, weil ich dann Tischtennistraining habe.« – »Morgen komme ich erst um 14 Uhr aus der Klinik.« – »Marietta, heut hab i dein Schreibtisch ganz schee mit dem Möbel-du-woaßt-Scho poliert!«

Es schüttet, Rosen und Sonnenblumen brechen unter der schweren Nässe. Herbst! »Herbst wie wir«, bemerkte Julian heute morgen wenig geistreich. Dann sagte er: »Liebste«, gab mir einen Kuß, und der Septembergarten blühte.

Wie erwachsen man doch sein muß, um das Sich-Entfernen zu begreifen als neue, innige Nähe!

Ich muß G. S. am Münchener Hauptbahnhof abholen. Erkennungszeichen: Plastiktüte!

In der Plastiktüte steckt ein Blumenstrauß. »Wenn Sie wüßten, verehrte Frau Doktor, wie schwierig es ist, in der DDR ein paar Blumen zu bekommen. Meine Schwägerin...« Ich ahne, daß wir es für einige Zeit mit einem ausgedienten, vom Schicksal verarmten, strammen sächsischen Gardeoffizier zu tun haben werden.

17. September

»Zwanzig Jahre in Riedern – willkommen Nachbarn und Freunde!« Ein großes Plakat an der Haustür lud ein, dekoriert mit Smarties und Schleifchen. Und alle, alle kamen. Die Sonne zuletzt, nach den grauen Wochen der willkommenste Partygast dieses Tages. Selbst Rufus, unser 31jähriger Sohn, war aus Köln eingeflogen mit Prinzessinnentochter und Frau.

Nachbarschaftsfest!

Der Architekt, der Tierarzt, die Bauern, beladen mit großen Kuchen, R., unsere Hilfe in den ersten Jahren nach der Ankunft der Kinder! Endlich mit einem zuverlässigen Freund. Die Sonne packt alle ein, auch die Freunde der Kinder, die Kolleginnen von Julian aus dem Krankenhaus; es wird ein still rauschendes Fest.

Zwanzig Jahre! Hingetuscht, weggeflogen so schnell wie nie eine Lebenszeit zuvor. Und doch auch: Wieviel getrauert, gekämpft, geliebt! All die Tage, die seither heraufgestiegen sind hinter den Bäumen des Ostens, graudünn im Winter, großblütig und blendend im Sommer – und da war kein Tag, an dem ich nicht gedankt hätte, zu sein. Angstvoll, zuweilen. Manchmal sogar in Panik! Wie soll ich sie schaffen, diese neuen vierzehn Stunden? Wo die gestrigen vierzehn Stunden noch an mir nagen...

Zwanzig Jahre Leben, achtzehn davon mit Julian, zwölf mit den Kindern und mit Waschi, dem Himalaya-Hund. Zwanzig Jahre mit strengen Wintern und zärtlichem Frühling, mit hilfsbereiten und keifenden Nachbarn, den Wickelkind-Forderungen eines Blumengartens und immer löchrigeren Wegen, die keiner je repariert – zwanzig Jahre des Älterwerdens, Gedanken über Getanes, Gedanken über Vertanes...

Dankbarkeit! Hier leben dürfen auf dieser Insel, die noch ihre eigenen Gerüche und Geräusche hat – Odel und Marder und Spatzen –, diesen »Quadratmeter bayrischen Bodens« besitzen und bebauen dürfen, angenommen sein von den Nachbarn trotz unserer »Exoten-Familie«, ein wenig »Heimat auf Zeit« bieten zu können dem Gardeoffizier aus Leipzig und dem Schmerzenskind Li.

Ich halte eine launige Rede, in der alle Gäste irgendwie vorkommen mit IHRER Weise, an unserem Leben teilzuhaben, der Braten duftet in den Herbsthimmel, Rufus hat die Regie übernommen mit Geschick und Charme, Jung-Jae hingegen sich mit seinen »Kumpels« zurückgezogen in die »Halbstarkenecke«, wo das Maul voll genommen und die Nicht-Zuständigkeit demonstriert wird.

Die letzten Bohnen seines Gemüsegartens hat Julian für das Fest spendiert; spät am Abend, todmüde, sagt er: »Du, das war wirklich ein schönes Geburtstagsgeschenk!« Vierundsechzig ist mein Mann in diesen Tagen geworden. Das »Nachbarschaftsfest« sollte seine Integration ins bayrische Voralpenland deutlich machen. Das scheint gelungen zu sein an diesem heiteren Tag. Julian sagt: »Und an Pfingsten gehen wir alle zum Treffen der ›Mission de France‹ nach Paris!«

Adieu, Bayern!

22. September

Zu unserem Fest ist Li nicht gekommen. Obwohl sie seit vierzehn Tagen einen Therapieplatz in der Nachbargemeinde hat. Sie schirmt sich jedoch mit »walkman« und Fahrrad ab gegen das »Hiersein«. Li ist nicht HIER, ist in einer schwarzen Wolke NICHTS. »Bei mir geht die Sonne schon morgens unter...«, schrieb sie mir kürzlich.

Li's Arme sind übersät mit Schnittwunden. »Ich blute, wenn ich eigentlich weinen will. Ich weine nicht. Ich blute lieber.« Tmesis eines lebenserschrockenen Kindes, bedrängt von »Halus«, den immergleichen Alpträumen einer verwesenden Alten, die sie zu bedrohen scheint.

Sonntag in Riedern. In ihren schwarzen Lederklamotten liegt Li auf dem Teppich, hört Musik, müht sich, eine jähe Verstörung aufzuarbeiten. Als ich mich neben sie lege, schiebt sie ihre Hand in die meine. Auch Tochter Jung-A mit ihrer wunderbaren Ahnung um Menschenleid knäuelt sich in Li's Nähe. Jetzt ist Li beschützt, geborgen – ein paar Atemzüge lang. Die verwesende Alte gebannt.

Doch G. S. ist es nicht. Als ich einen Augenblick aus dem Wohnzimmer gehe, tätschelt unser Reservegeneral aus Leipzig die beiden Mädchen. Anbahnung einer Katastrophe: Li ist einmal vergewaltigt worden. Ich brülle G. S. an: »Noch ein solcher Versuch, und Sie sitzen im nächsten Zug zurück...« G. S. verkriecht sich in den Garten, weint. Mein Erbarmen bleibt mäßig. Erschöpft bringe ich Li in ihre Klinik zurück, entschuldige mich. Sie faßt mich an der Hand, will mir etwas zeigen, gleich, um die Ecke.

Den Märchengarten ihrer Seele: Gras und Moos, Federn und Früchte, Steinchen und rote Kastanienblätter, alles sich selbst zugeordnet und sonst keinem Gesetz gehorchend außer dem der unbeschreiblichen Einsamkeit eines Geschöpfes. Und den kosmischen Urbildern Asiens.

Nie ist Li für mich so sehr Asiatin gewesen wie in diesem Augenblick. (Wenig später wird sie stampfend ihren Seelengarten zerstören.)

Zögernd, abwehrend bin ich an diesem Abend zu unserem Gast G. S. ins Riedernhaus zurückgekehrt. Geschieht es einmal, daß ich ihn bitte, verwelkte Margeriten abzuschneiden, steht er stramm vor der »Frau Doktor«, schnippelt mit bloßem Oberkörper ein paar Minuten an den Pflanzen herum und ist wieselgleich verschwunden in seinem Bau, unserem kleinen Gästehaus im Garten, dem »Hühnerstall«. Unsere Kinder meiden den Besucher, machen sich über ihn lustig. Was wiederum mich bestürzt: so viel Menschenverachtung, woher kommt sie nur? Jung-A bemüht sich wenigstens, die Umgangsformen zu wahren; Jung-Jae, sechzehnjährig, zeigt dagegen unserem DDR-Gast gegenüber so unverhohlene Feindseligkeit, daß ich es heute, nach der Sonntagsmesse, nicht mehr ertragen wollte und den Sohn stellte: »Was ist los? Wie kannst du zu einem Menschen, gleichgültig, ob er dir gefällt oder nicht, nur so gemein sein?« Die Antwort, trocken: »Du redest zu viel, Mama!«

Nach Wochen mühselig hergestellten Gleichgewichts zwischen Haushalt und Beruf, der zerbrechlichen Li und dem flotten Witwer aus Leipzig, zwischen ersten Schulmißerfolgen der Kinder und den ständigen Überstunden von Julian in der Klinik, zwischen den sich verkürzenden Tagen und meinem Hunger nach Licht – weint die Seele. Verkriecht sich. Darf sich nicht verkriechen, klagt trotzdem: »Lieber Gott, ich kann einfach nicht alle

Übel dieser Welt kurieren wollen, das ist DEIN Job, nicht meiner!«

Gott schweigt. Schickt mir Julian, der den DDR-Gast für einen Nachmittag in sein Auto packt: Sight-Seeing: Benediktbeuren, »Carmina Burana«, die frühen Lobgesänge der bayrischen Heiden, das »Wessobrunner Gebet«.

Ich weiß nicht, ob der Sachse und der Franzose sich angesichts der oberbayrischen Christenheit viel zu sagen haben. Ihre Abwesenheit zählt. Übermorgen muß ich nach Brasilien fliegen, zwei Filme vorbereiten, um die wir lange gekämpft haben. So klingt alles prächtig nach »vita activa«; insgeheim weiß ich es besser. Der Wechsel der Generationen hat längst stattgefunden.

24. September

Brasilia!

Die hochmütige, menschenverachtende Hauptstadt mit ihren Straßen, sechsspurig, die das zur Ameise reduzierte Einzelwesen nur unter Lebensgefahr überqueren kann. Vor den Hotels stehen Schwarzmarkthändler mit schweren Taschen; jeden Tag verfällt der Cruzado mehr! Die Händler scheinen zu den neuen Selbstverständlichkeiten Brasiliens ebenso zu gehören wie die 250 als »Motels« getarnten Bordelle zwischen Rio und Nova Iguaçu, wie die Überfälle auf Touristen, die Drogenmafia, die Häuser des Grauens, in denen Straßenkinder vergewaltigt und geschlachtet werden. Das ist so, man weiß es – doch wer schreit?

Bastian hat mich im Haus des CENFI untergebracht, Vorbereitungszentrum der Kirche für einreisende Missionare. Immer weniger Ordensleute, immer mehr Laien, eifrige junge Leute, die sich hier auf ihren Einsatz vorbereiten und das verwirklichen dürfen, wovon ich mein Leben lang geträumt habe: in einem Land der Dritten Welt SINNVOLL arbeiten zu dürfen. Damals sind alle Anläufe gescheitert; jetzt ist es zu spät. Dieses ZU SPÄT kriecht mir bei jedem Gespräch mit den Jungen wie eine Schnecke über den Rükken.

»Ich gehe als Sozialarbeiterin in den Mato Grosso!« – »Wir sind Baptisten und werden im Süden arbeiten, wo wir viele Gemeinden haben!« – »Mich hat der Deutsche Entwicklungsdienst für Curitiba vorgesehen!« – »Und was tun Sie eigentlich hier, Doña Marietta?«

Euch beneiden, ihr Jungen!

Bastian ist Deutscher, Theologe. Seit drei Jahren arbeitet er mit Bischof Adriano in der Diözese Nova Iguaçu, die förmlich explodiert vor Gewalttätigkeit.

Bastian sagt: »In den Jahren hier habe ich die Angst um mein Leben verloren, dafür aber die Wichtigkeit JEDES Lebens entdeckt. Und wenn ich sehe, wie tagtäglich den Armen das Leben gestohlen wird mit tausend Gemeinheiten und Tricks, da kann ich nicht anders als zum Revolutionär werden.«

Wir hängen in einer winzigen Eckkneipe von Nova Iguaçu, der »Schlafstadt der Sklaven der Reichen von Rio«, trinken unsere »Caipiriñha« und unterhalten uns mit den Schwarzen, die auf ein Bier herübergekommen sind, wohl auch, um für Augenblicke den unerträglichen Wohnverhältnissen zu entrinnen. Sie alle kennen Bastian, den Deutschen, der im Seminar unterrichtet und das Wochenende in der favela mit dem unsäglichen Namen »Lilie des Tales« verbringt. Sie kennen ihn, umarmen ihn, alle Rassen-, alle Klassenbarrieren sind aufgehoben, weil Bastian fähig ist, die Armen zu LIEBEN.

Einmal mehr bewundere ich diese sanfte, lebendige Körpersprache der Brasilianer; wie ehrerbietig können sie doch miteinander umgehen! Und mit mir!

Sprachlos entdecke ich, daß alles gleichgültig geworden ist, was im Alltagsleben so wichtig erscheint, wie alt ich bin, wie ich aussehe, welche Kleidung ich trage, wie stammelnd mein Portugiesisch herauskommt – all das verliert sich in dieser starken, warmen Menschennähe. Zwei-, dreimal in meinem Leben ist mir Vergleichbares widerfahren, mit Worten nur unzureichend zu beschreiben – vielleicht so: die Spiegel sind verhängt. Du hast keine Vita mehr, die dich ausweist. Du BIST, hier und jetzt, und DU SELBST. Und der neben dir steht, hat keine schwarze Haut und kein fleckiges Hemd – er hat ein MENSCHENGESICHT.

Am letzten Abend in Nova Iguaçu wollte ich unbedingt noch einmal zurück zu diesem Ort der Gnade. Die Kneipe war geschlossen.

Zu den Geschenken des Älterwerdens gehört, daß man endlich lieben darf mit einer Liebe, die nicht den Beigeschmack von Besitz oder Verrat hat, pure Zärtlichkeit darf sie sein, nichts erwartend als einen Augenblick gemeinsamen Hineingeteiltseins ins Leben.

29. September

Seit vierundzwanzig Jahren kennen wir uns. »Meine beste Freundin«, nenne ich Marèle. Seit vielen Monaten hat sie meine Briefe nicht beantwortet. Ich vermutete, erhoffte eine Liebesgeschichte. Marèle nämlich ist Witwe. Ihren Mann, einen Architekten, hat man in der unseligen Stadt São Paulo aus dem Auto gezerrt und erschlagen.

Marèle lebt mit ihren drei Kindern (und drei Dienstboten) in einem gutbewachten Haus nahe der Paulista.

Nein, es war keine Liebesgeschichte, höchstens eine »Affaire«, die schnell wieder in die Brüche ging. Beim letzten Zusammensein, nach der letzten Umarmung erklärte der Mann, morgen werde er heiraten. Eine andere.

Marèle, acht Jahre jünger als ich, trägt ihren Witwenstand und die Zurückweisung mit trauriger Würde. In Lateinamerika ist das alles, was einer alleinstehenden Mutter bleibt: Traurige Würde!

Wir haben uns vier Jahre nicht gesehen und stellen jetzt beide fest, wie verwundbar wir geworden sind. Wie die Zeit vieles schwerfällig gemacht hat – in uns und um uns. Damals – 1966 – sind wir zusammen unbekümmert durch Asien gereist, vertrauend auf uns selbst und auf die Gunst des Schicksals, ausgestattet mit dem nötigen Quantum an Abenteuerlust und Lebensneugier. Jetzt sind wir bedächtig geworden. BEDÄCHTIGKEIT – was ist das? Eine Tugend des Älterwerdens oder ein Laster? Eigentlich will ich gar nicht bedächtig sein.

In einer Stadt wie São Paulo gibt es keine Spazierwege. Wie ich es doch einmal versuche, in diesem feinen Viertel ein paar Straßen weit zu gehen, trete ich überall endloses Hundegebell los. Die Reichen schützen sich, nicht nur mit Wächtern und Alarmanlagen. Verstört flüchte ich ins Haus zurück.

Wir reden, drei Abende lang. Angst vor der Einsamkeit des Alters habe sie, gesteht Marèle, viel mehr als vor den Grausamkeiten dieser Stadt, die längst unbewohnbar geworden ist. Wenn sie könnte, würde sie nach Italien zurückgehen, dem Land ihrer Kindheit. Fortschrittsgläubig aber hatten die Eltern vor zwanzig Jahren für die brasilianische Staatsangehörigkeit optiert. Marèle sagt: »Eine Rückwanderungswelle aus Lateinamerika noch zusätzlich zu den Emigranten aus dem Ostblock, das würde Europa nicht verkraften.«

Einmal versuchen wir, in den einst so noblen Nebenstraßen der Paulista »shopping« zu gehen. In einem Land jedoch, wo 40 Millionen Menschen noch unterhalb der ohnedies schäbigen Armutsgrenze leben, vergeht einem die Freude am Geldausgeben. Überdies sind die Läden halb leer: niemand wagt es noch, sich Warenvorräte anzulegen. Marèle besteht darauf, mir ein Geschenk zu machen. Schließlich erstehen wir zwei Wildwestjeans für die Kinder.

Um elf Uhr nachts geht meine Maschine zurück nach Europa. Wieder so ein Abschied zwischen Marèle und mir – so wie wir uns seit vierundzwanzig Jahren immer wieder getrennt haben. Plötzlich weiß ich, weiß und sehe es ganz deutlich: Dies ist nicht der Abschied von einer FREUNDIN, sondern der Abschied von einer FREUNDSCHAFT.

2. Oktober

Riedern im Herbst, föhnige Farben. »Keine besonderen Vorfälle«, meldet Julian müde. Als ich abends den Kücheneimer ausleere, finde ich in der Tonne neue Kniestrümpfe. Zur Rede gestellt, erklärt Jung-Jae, neu oder nicht, ein solches Graubraun würde er nie tragen. Ich aber, blöde Mutter, habe die »Lilien des Feldes« vor dem inneren Auge, jene erbärmliche favela, unter deren Verschlägen Blut und Abfälle aus dem benachbarten Schlachthof in den Bach schäumen. Hunderte von Geiern am Tage, Hunderte von Ratten in der Dämmerung! Und eine Zehnjährige kann man haben für den Gegenwert von ein Paar Kniestrümpfen!

Wie sollen wir uns je verständigen können über die Welt, der Sechzehnjährige und ich? »Ich mag keine Elendsgeschichten«, hat Jung-Jae erst kürzlich erklärt. Inzwischen jedoch wächst, klammheimlich, die Elendsgeschichte zwischen Mutter und Sohn.

4. Oktober

Der Winter kriecht von den Berghängen herunter. Julian und ich räumen den Garten auf. Etwas Strohblumenhaftes hängt in den letzten Knospen. Ich mag Strohblumen nicht.

So viel Mutlosigkeit! Wenn ich doch lachen könnte. Unter meiner Humorlosigkeit hat die Familie immer zu leiden gehabt, ich weiß es. Doch wie, lieber Gott, wie lernt man Humor?

10. Oktober

Li hat ihre Therapie abgebrochen. Wieder einmal. Ich konnte nichts tun. Während sie ihren Koffer packt, gibt sie das als Sieg über die Ärzte aus, als Beweis ihres Willens. Stumm betrachte ich die Bilder, die sie in den Wochen hier gemalt hat. Rot dominiert, das blutige Rot, das aus den Nüstern des Stiers quillt.

Sieg?

Es ist Mitternacht. Ich stehe im Bad, kleistere irgendeine Reinigungscreme ins Gesicht und weine. »Kind Li, Kind, was mache ich nur mit dir? Was machst du mit dir? Was macht das Verhängnis mit dir? Warum darfst du nicht einfach leben...?«

Seit ein paar Jahren geschieht es immer häufiger, daß ich »Mutterrollen« zu spielen habe. Ob ich es will oder nicht, das Altern drängt mich heraus aus dem aktiven Leben und überträgt mir die Aufgaben einer »Person des Vertrauens«. Das ist mühsam, manchmal stöhne ich unter der Bürde all der kleinen, halbgelebten und verzagten Leben, die bei mir eine Stärke suchen, die ich nicht habe. Oder doch? Dann wiederum sage ich mir: Du hast so viel Glück erfahren dürfen; jetzt hast du eine Bringschuld den Jungen gegenüber!

Ich bitte um Aufnahme in den »Ältestenrat«.

14. Oktober

Vortrag in Trier. Auf der langen Heimreise lese ich im ZEIT-Magazin einen Beitrag über Käthe Kollwitz. Ihr Tagebuch der späten Jahre rührt mich. Dies etwa: »Erst allmählich wird mir klar, wie sehr ich schon zu den Alten gehöre und meine Zukunft hinter mir habe.« Da ist Käthe Kollwitz Ende vierzig. Ihre Silvesterbilanz 1920: »Ich breite mich nicht mehr aus; ich schrumpfe nach innen. (...) Klagen nützt nichts. Beten nützt auch nichts.« Silvester 1932: »Wenn andere dann die paar Leistungen sehen, sprechen sie von einem glücklichen Alter. Ich glaube, es gibt kein glückliches Alter.«

Für die große Käthe Kollwitz war Glück keine Kategorie gewesen, kein Ziel des Lebens. »Wesentlich gut, innerlich kraftvoll« wollte sie sein. Wie ihre Schöpfungen.

Während im Zugfenster eine Vorortkulisse aus Beton vorbeizieht, gestehe ich mir ein, daß ich das Klassenziel nicht erreicht habe. Ich bin weder »wesentlich gut« noch »innerlich kraftvoll«. Ich bin eine alternde Frau, deren Lebensgewißheit zerrinnt und vielleicht, vielleicht im Zerrinnen einer neuen Glaubensgewißheit Raum gibt. Damit ist nicht der Glaube an die Unsterblichkeit gemeint, sondern der Glaube an ein endliches Gesegnetsein im Herrn.

Ein paar Tage ist es her, da hat Tochter Jung-A getobt: »Laß mich in Ruhe mit deinem LIEBEN GOTT! Hast du die Narben gesehen an Li's Handgelenken? Hat ER das gewollt? Li kann es doch nicht gewollt haben. Sie ist so süß und erst zwanzig. Also, Mama...?«

Tiefflieger schossen über unseren Kopf, die Vögel schrien.

16. Oktober

Früher Morgen in Riedern. Ich haste durchs Haus, muß um neun Uhr in München sein. Da läutet es an der Tür. Ein junger Mann hängt den Kopf in den Rahmen des von mir widerwillig geöffneten Küchenfensters.

»Haben Sie heute schon Gottes Wort gehört, Frau Peitz?«

Habe ich?

Die Uhr tickt. Der junge Mann am Fenster bleibt gelassen, während ich erkläre, daß ich für die Katholische Kirche arbeite und wohl schon zu alt sei für »Bekehrungen« dieser Art. »Ich kenne Ihren Sohn«, sagt der Zeuge Jehovas freundlich und geht, völlig unbeeindruckt von der Angriffshaltung unserer beiden Hunde, seiner Wege.

Auf der Fahrt nach München Stau, Herbstbaustellen, Unfälle, Rotlicht, Blaulicht, mit einer Stunde Verspätung bei den Tonaufnahmen im Bayrischen Rundfunk, ein fahriger Redakteur, Anonymität, Hektik und Föhn. »Du mußt durch all diese Ärgernisse ebenso ruhig hindurchgehen, wie heute morgen der junge Mann zwischen den kläffenden Hunden hindurchging«, sage ich mir vor.

Märchenmotiv! Oder vielleicht doch – Gottes Wort?

20. Oktober

Wieder ein Vortragstermin, endlose Stunden im Zug. Ich »fresse« Bücher. In meinem Abteil sitzen lauter weißgelockte alte Damen, die offenbar aus der Kur zurückkommen und aus einer Plastiktüte scheinbar unerschöpfliche Mengen von Brötchen angeln. Ich gehe durch die Waggons: überall die gleichen betulichen Frauen, die ungeheure Mengen Frust, verwandelt in ungeheure Mengen Pausenbrote, in sich hineinschaufeln. Den Brötchen folgt die Schokolade; da wird verglichen und getauscht: Warum haben Sie Marzipan und ich nur Vollmilch? Mögen Sie...? Bei mir hat man die Kekse vergessen. Sie können meinen Apfel haben; die Zähne, wissen Sie...!

Ich bin amüsiert und ein wenig entsetzt. Was sind wir doch für ein überaltertes Volk! Überall diese »rüstigen« alten Leute! In der Dritten Welt ist die Hälfte der Bevölkerung jünger als achtzehn.

Und wie hartnäckig diese Generation ihre Wünsche durchzusetzen versteht: Fenster auf, Fenster zu, etwas mehr Heizung, Herr Schaffner...! Sie, junger Mann, mein Koffer... O Gott, in einen Raucher haben sie uns gesetzt, das halte ich nicht aus. Gute Frau, gehen Sie doch auf den Gang, mein Asthma...! Die »gute Frau«, auch schon ziemlich weiß gelockt, geht auf den Gang – das bin ich!

Über »Kulturschock« soll ich sprechen vor jungen Leuten, die Auswanderer beraten. Als ich das Referat ausarbeitete, hatte ich große Mühe, eine Antwort auf die Frage zu finden: Wie geht man um mit der Armut der anderen?

»Wieso hat man Ihnen Trauben eingepackt und mir nur einen Apfel? Da müßten doch zwei Nußriegel sein in der Tüte...?« Das Abteil füllt sich mit den Ausdünstungen der Satten; die Damen kuscheln sich in ihre Löckchen. Ich lege Anaïs Nins Roman »Labyrinth des Minotaurus« auf meinen Platz und verziehe mich in den Speisewagen. Ich habe Hunger.

Möglich auch, daß ich die Flucht ergreife vor der Vorstellung, in fünf, zehn Jahren zu sein wie diese Damen. Selbst alternd, entwickle ich gelegentlich ein Anti-Alten-Syndrom. Oder Angst.

»Die Zeit ist unfähig, einen einzelnen Menschen zu lieben, sie löscht ihn einfach aus«, lese ich bei Anaïs Nin.

24. Oktober

Herbststürme. Als ich heute morgen aufwachte, hing eine eisige Sonnenscheibe am Horizont. Eilige Wolken stürzten auf sie zu, fraßen es auf, das Licht. Regen fiel und fällt noch immer in kalten Strähnen. Mein Rücken tut weh. Seit achtzehn Jahren tut mein Rücken weh. »Verspannungen« nennt man das, glaube ich, und selbst wenn es nicht so heißt, müßte es so heißen: Spannung, Ver-spannung!

Mit Unbehagen beobachte ich das Nachlassen meiner Agilität. Die Bewegungen werden schwerfälliger, fast als hätte die zu verdrängende Luft plötzlich ein anderes Gewicht. Ich entdecke mich dabei, daß ich ungern schwere Gegenstände schleppe, ungern zehnmal am Tag in den Keller hinunterklettere. Ich fürchte mich vor einem Sturz.

Manchmal wird mir bewußt, daß ich unsicher gehe. Nach zwei Stunden Gartenarbeit muß ich eine Pause einlegen, beim Tennisspielen schon nach einer halben Stunde. Ich weiß, ich müßte mein Leben ändern, nicht mehr rauchen, Kräutertee trinken und jeden Morgen ankämpfen gegen die wachsende Unbeweglichkeit.

Am rechten Fuß wächst der Ballen, zwingt mich zu immer größeren Schuhnummern, aus den Zehen des linken Fußes sprießen die Hühneraugen, und ringsum reißen kleine Venen auf zu schmerzhaften und häßlichen Rötungen.

Es ist gut, gemeinsam zu altern!

Julian nämlich zwängt sich jeden Morgen in wahre Panzer von Gummistrümpfen, hat er doch von seiner Mutter mehr Krampfadern als Beinfleisch geerbt; auch SEIN Rücken schmerzt; in den Bronchien sammelt sich Schleim.

Am Wochenende stehen wir manchmal zusammen im Bad, jeder cremt, massiert, betupft seine Wehwehchen und macht sich lustig über die Spiegelung im anderen. Momente inniger Zusammengehörigkeit! Der eine weiß, woran es dem anderen »gebricht«, und das gehört zur Wortfamilie »Gebrechen«.

Wie oft habe ich erlebt, daß das Sterben von den Füßen heraufwächst! Venenentzündungen, Zucker, Wasser, offene Stellen, Verkrüppelungen, Durchblutungsstörungen – immer dieses kleine, emsige Vernichten, das aus der Erde herausquillt und zu zerren beginnt an den bodennahen Gliedern – »hasch mich, ich bin der Tod!«

»Wir müssen endlich ein Grab kaufen«, hat Julian in den letzten Monaten immer wieder gesagt. Ich weiß nicht, wo man ein Grab kauft. Als wir kürzlich bei einem Händler im Isartal schöne, handgeschmiedete alte Grabkreuze entdeckten, war ich entzückt. So ein Grabkreuz wollte ich schon immer haben, einen schmiedeeisernen Baum, der vielleicht noch weiterwächst in seinen anmutigen Verschlingungen – kein Stein, um Himmelswillen kein Stein! Der Engel hätte damit zu viel Mühe. In den Eisenbaum bräuchte er nur einzufliegen und zu singen.

Wir haben kein Grabkreuz gekauft, sondern eine kleine Marmorsäule für den hochmütigen Steinkopf der Kwanon, Göttin der Barmherzigkeit.

Was bedeutet, daß unser Umgang mit dem Tod noch ein sehr zögerlicher ist.

Jetzt thront die Kwanon neben dem Fernsehapparat und schaut über den Papyrus, der zu ihren Füßen welkt, hinweg ins Leere.

29. Oktober

Gestimmtheiten! Bei unbehaglichen, langen Autobahnfahrten geschieht es, daß ich nachdenke über das »Älterwerden« und – mehr noch – über das »Altsein«. Älterwerden, das ist ein Prozeß, dem noch eine gewisse Dynamik innewohnt; Altsein dagegen ist das »Ausatmen der Zeit«, dem schließlich kein neues Atemholen mehr folgen wird...

Gespräch mit meiner so lebensklugen Mutter. Ich sage: »Es erleichtert, wenn man aufhört, Schritt halten zu wollen mit den Jungen. Wenn man keine Karriere mehr machen will.« Mama sagt: »Es erleichtert, wenn man nicht mehr ständig mit Menschen umgeben sein muß, denen man nichts mitzuteilen hat!« Ich sage: »Nicht mehr in Fernsehanstalten Klinken putzen zu müssen, empfinde ich als große Befreiung!« Mama sagt: »Ich genieße den Luxus, eine Tür hinter mir schließen zu können, den Luxus, eine Tür öffnen zu dürfen, den Luxus, durch Münchens Fußgängerzone zu schlendern und NICHTS MEHR ZU WOLLEN.« Ich sage: »Für mich ist es immer ein Wunder, wenn die tausend Puzzles LEBEN sich plötzlich ineinanderfügen, wenn ich nur ein Steinchen hinlegen muß und alles gruppiert sich darum.« – »Wissen nennt man das, Lebenserfahrung«, sagt Mama. »Ja, das macht Spaß. Ist wie ein Kreuzworträtsel. Oder Burckhardts ›Weltgeschichtliche Betrachtungen‹, mein Lieblingsbuch, wie du weißt, und wohl deines auch. Ein Stichwort fällt, ›Kreuzzüge‹ etwa, und augenblicklich blüht die Geschichte auf. In Syrien sind wir gewesen und in Jerusalem und im eifernden Burgund, dieses Buch haben wir gelesen und hineingeschaut in jenes Gesicht, jene Landschaft – ach, und wenn man endlich das Webmuster des Teppichs verstanden hat, erlöschen die Farben.«

Ich sage: »Du siehst traurig aus, Mama!« Sie antwortet: »Du siehst traurig aus, mein Kind! Warte noch mit der Trauer. Noch lebe ich; noch ist da ein Rest der Generation vor dir – und schützt dich. Außerdem: Deine Trauer ist Undankbarkeit gegenüber dem Leben. Wißt ihr überhaupt, wissen wir überhaupt, wie gut es uns geht?«

Wir wissen es. Wir sind undankbar.

Die Kinder mögen das Riedern-Haus nicht, weil es am Ende der Welt liegt, wie sie sich ausdrücken. Kein Flipper-Automat um die Ecke, keine Disco, nicht einmal ein Bahnhofskiosk für den Nachschub der Kinderseele: »Girl« und »Bravo« und Chips und Coca aus umweltbelastenden Büchsen.

»Riedern, das ist ein Haus für Erwachsene, nicht für eure Halbstarken«, hat auch mein Bruder kürzlich eins draufgelegt. »Kinder verschimmeln zwischen Antiquitäten.« Natürlich hat er recht. Für uns Alte ist Riedern ein Geschenk des Himmels, wir sagen es uns oft. Das Haus, 1969 gekauft als Bruchbude, seither liebevoll und schrittweise instandgesetzt, ein eigenes Bad für die Kinder, ein Zimmer für Jung-Jae, südwest, ein Zimmer für Jung-A, Süden; der Vater haust nord-östlich, und ich kämpfe im Augenblick um ein kleines eigenes Büro, nord-nord, alle Abwässer des Hauses zischen unter dem Schreibtisch durch. Werden unsere Asiaten eines Tages begreifen, *wie* privilegiert sie sind auf dieser Milliarden-Menschenerde? In Rußland, in China hat der Bürger Anspruch auf 4,5 qm Lebensraum. Anspruch, das ist keineswegs identisch mit der Erfüllung des Anspruchs. Ich denke an eine Freundin in Hanoi, Augenärztin, ausgebildet in den beiden »Germany«, hochqualifiziert. Eine Woche lang hat sie uns in Nordvietnam begleitet, erklärt, gedolmetscht, langsam fiel der ganze Parteiflitter von ihr ab. Wir durften reden. Eines Abends sagte sie: »Ich würde Sie so gern zu uns nach Hause einladen, aber das ist einfach nicht zumutbar. Wir leben zu sechst in zwei Räumen, kein fließendes Wasser, keine Heizung, keine Küche. Wir kochen auf der Straße – wenn es etwas zu kochen gibt.«

Millionen Menschen leben in vergleichbaren Verhältnissen!

Für unsere Kinder ist dies – verständlicherweise – kein Argument. Millionen Menschen, was geht sie das an? Das Riedernhaus langweilt sie; zu viel Garten, zu viele alte Möbel, zu viel Rücksichtnahme, wenig, auf das man die Beine werfen dürfte. Barmherzigkeitsgöttin Kwanon – bäh! Blumenarrangements – bäh! Tischsitten – bäh! Wallberg, vor dem Mitternachtsmond – bäh! Mozart – bäh! Und immer muß das Fahrrad angetreten werden, um zu einem Kumpel, zum bescheidenen Lustgewinn einer Videokassette oder eines Kartenspiels zu kommen!

30. Oktober

Ein freches Wortgeplänkel beim Abendessen, endlich Jung-As empörte Stimme: »Was geht mich euer Sex an?«

Nichts – finden wir. Lachen. Lieben uns. Jung-A hat uns auf eine halbvergessene Idee gebracht.

1. November

Allerheiligen – für uns auch noch aus einem anderen Grund ein wichtiges Datum: vor 12 Jahren haben wir Jung-Jae und Jung-A in Korea geholt.

Jahre, bis vor kurzem fast ohne »Kulturschock«, Verfremdungen, Ängste. Jetzt allerdings, in der Pubertät, brechen alte Wunden auf, bleiben unbenennbar und führen zur regelmäßigen »Hinrichtung der Mutter«. Der eigenen, unbekannten, der Adoptivmutter – wer vermöchte da zu unterscheiden in den schwarzen Vergangenheitsschleiern der Kinder. SIE macht alles falsch, SIE ist schuld an diesem und jenem, SIE kümmert sich zu viel oder zu wenig, SIE zieht andere Menschen vor – und die ewig angeklagte SIE bin ICH.

Heute, nach dem Mittagessen habe ich mit Tochter Jung-A gesprochen. Diesem Gespräch vorausgegangen war ein leidenschaftlicher Ausbruch gestern abend, ungefähr in dem Tenor: »Ich sehe nicht ein, warum ich am Sonntag in die Messe gehen soll, das sagt mir nichts, glaubt ihr denn wirklich, daß da oben einer auf den Wolken sitzt und alle lieb hat; das ist doch ein zynischer Typ, euer Gott; warum soll ich zu dem beten? Und der Pfarrer, kein Wort sagt er zu China und Armenien, zu all den Scheußlichkeiten; der verarscht uns doch mit seinen uralten Geschichten. Außerdem möchte ich am Sonntag ausschlafen, und checkt doch endlich, daß das alles Schnee von gestern ist!«

Jung-A hat den Mut zu sagen, was sie empfindet, das ist ihre Freiheit: Furchtlosigkeit! Selbst auf die Gefahr hin, den christgläubigen »Übereltern« zu mißfallen. Jung-Jae schweigt, entzieht sich.

Zweites Gespräch am Abend. Es geht um »Haltung« und »Ver-Halten«. Geduldig versuche ich, der Tochter begreiflich zu machen, daß ihre äußerliche »Schlabbrigkeit«, ihr Herumhängen, ihr ganz und gar undisziplinierter, odaliskenhaft wogender Körper auch etwas zu tun habe mit der Unordnung im Inneren. Das war von mir nicht als Angriff gemeint, ein Gespräch hätte es werden sollen, und ein Gemetzel ist es geworden. Jung-A holte alle die kleinen, spitzen Messerchen ihres Unbehagens aus dem Ärmel und warf und zielte. Genau dorthin, wo ich verstummen mußte. Wo es keine Anklage mehr gab, sondern nur noch – Klage. Von beiden Seiten.

Jung-A: »Ich weiß es selbst nicht, aber die ganze Welt geht mir auf den Wecker. Du auch, Mama! Ich muß dich trösten, wenn du mit Jung-Jae Streit hast und weinst, meinetwegen weinst du nie. Du weißt überhaupt nicht, welche Probleme ich habe, ist dir ja auch egal. Alle anderen sind dir wichtiger als ich. Um Li machst du dir Sorgen, um Brasilien, was weiß ich…«

Da stehst du, 56jährige Mutter einer Vierzehnjährigen, nein, du stehst nicht, wie ausgeweidetes Schlachtvieh hängst du da. Du weinst nicht, das ist jenseits von Tränen, deinen Trenchcoat nimmst du, rufst die Hunde und gehst. Und willst gehen für immer.

Selbstmordgedanken! Ich habe sie selten. Doch an Novembertagen wie diesem taucht wie von selbst der Gedanke auf: Ich habe so fürstlich leben, so inständig lieben dürfen! Jetzt würde ich gern aufhören zu sein. Ganz still. Nahrung verweigern (das fiele mir nicht schwer), mich einducken in den Winterschlaf von Schildkröte und Igel, die Höhle, der Haselnußkern als Wegzehrung und Laub auf den Augen..., ein Federchen aus dem Traumgarten von Li!

3. November

Der erste Schnee! Warum darf ich das Kind nicht mehr sein, das ihn jubelnd begrüßt? Warum sehe ich nur Nässe und Kälte und Finsternisse auf mich zukriechen? Die Reifen der Autos müssen gewechselt werden, die Schaufeln vom Speicher geholt! Mein Vater hat den November immer gehaßt, die Kälte, das plötzlich Nimmersatte der Nacht! Im November würde er sterben, dachten wir und er. Er starb im April, Osterwoche.

Weil es schneit und die Straßen vereist sind, sage ich einige Termine ab. Das ist neu: meine Angst vor Winterstraßen, die wachsende Abneigung gegen das Autofahren überhaupt. Meine alten, lieben Nachbarinnen strampeln mit dem Fahrrad zum nächsten SPAR. Ich strample nicht, mit zwei prall gefüllten Einkaufskörben kann ich nicht strampeln.

Von den vielen Überstunden in seiner Reha-Klinik hat Julian das karge Gesicht einer Wildkatze. Um mein Gesicht steht es nicht besser, es »schwindet langsam dahin« (it's dwindling away); okay, dann werde ich fortan für mein Gesicht nicht mehr verantwortlich sein. »Vom mählichen (herbstlichen) Einziehen des Gesichts.« Dieser Titel ging mir gestern durch den Kopf. Vielleicht, weil ich seit Wochen im Garten den Rückzug der Pflanzen beobachte, wie sie von der Erde eingesogen werden, wie sie sich verhüllen. Ohne Gewißheit der Wiederkehr. Am Fenster sterben die großen Fliegen; einige hat Jung-A in einen wie ein Zugabteil plusterig ausgestatteten Schuhkarton »gerettet« , Waschi und Tashi, unsere Himalayahunde, lassen die Pelzstiefel wachsen.

Anruf aus der DDR. »Wir wollen Ihren letzten Roman herausbringen. Wären Sie bereit, ein paar Sätze zu streichen oder zu ändern? Einfach nur, damit wir durch die Zensur kommen...« Mein allererster beruflicher Kontakt mit dem »anderen Deutschland«, das sich, ausgerechnet einen »Missionsroman« herausgesucht hat, um ihn unter einem religionsfeindlichen Regime zu drucken!

Einmal – es ist lange her – fuhr ich mit Julian durch die »Zone«. Gegen vier Uhr früh erreichten wir die DDR-Grenzkontrolle. Die jungen Zöllner machten sich einen Spaß daraus, Julians Koffer zu zerlegen. Ausschnitte aus seinem Briefwechsel mit der »Mission de France« mußte ich für sie übersetzen, dann wollten sie wissen, was das denn sei, die »Mission de France«. »Arbeiterpriester«, antwortete Julian. Verlegenes Staunen bei den Jungen. »Man hat uns gesagt, ›drüben‹ seien alle ungläubig. Und Priester, die arbeiten...?« Zum zweitenmal wurde Julians französischer Paß angefordert. »Matrose« stand dort als Berufsangabe, das wenigstens war verständlich. Ein Matrose allerdings, der den Koffer voll frommer Schriften hat...? »Waren Sie in Ostberlin? Wollten Sie dort bekehren?« Julian verstand die Frage nicht, wieder mußte ich übersetzen, jetzt anders herum. »Ja, wir waren in Ostberlin. Im Museum! Bekehren, nein! Das tut Gott.«

Jetzt ging die kleinc »Bible de Jerusalem« von Hand zu Hand. »Was ist das?« – »Die Bibel.« – »So, und was steht darin? Übersetzen Sie, hier, diesen Abschnitt.« Ich übersetzte; es war ein Text aus dem »Prediger«:

»Suchen hat seine Zeit
und Verlieren hat seine Zeit.
Behalten hat seine Zeit
und Wegwerfen hat seine Zeit.
Zerreißen hat seine Zeit
und Nähen hat seine Zeit.
Schweigen hat seine Zeit
und Reden hat seine Zeit.
Lieben hat seine Zeit,
und Hassen hat seine Zeit.
Der Krieg hat seine Zeit
und der Friede hat seine Zeit.«

»Bei uns ist solche Literatur verboten«, bemerkte einer der Jungen, ein Eifriger, und ließ die tausend dünnen Seiten Gottesgeschichte durch seine Finger flattern. Ich sagte: »Die Bibel können Sie ruhig beschlagnahmen«, während ich Julians Korrespondenz wieder in den Koffer räumte, »das ist ein subversives Buch, wir wissen es!« Verlegenheit. Schließlich ließen sie uns ziehen in dieser Eisnacht des Jahres 1972. Jetzt, 17 Jahre später, deutet sich an, daß »der Frieden seine Zeit hat«.

8. November

Die Freunde – was ist nur mit ihnen? Haben auch sie »ihre Zeit«? Mündet dann jahrelange Vertrautheit in Murren und Stille?

Wie ABFALL ist es zuweilen. Und schmerzt. Ich muß lernen, daß Freundschaften »Wegbegleitungen« sind über kürzere oder längere Strecken. Und kostbar als solche. Doch irgendwann gabeln sich die Pfade, und jeder zieht seines Weges, lärmend oder stumm. Freundschaften sind nicht aus dem Stoff der Ewigkeit gemacht, sondern – wundersam – aus dem Stoff der Zeit. Und damit Veränderungen unterworfen wie wir selbst.

Einsamkeiten des Älterwerdens? Auch das. Julian und ich sind keine »rentable Adresse« für Karrieresüchtige: uns MUSS man nicht kennen, wir haben keinen Zugang zur Macht. So blättert manches ab, was man mit »Nutzfreundschaft« bezeichnen könnte.

Aber die anderen – Luis, Jorge, Marèle – Gestalten, die jahrzehntelang meine Seelenlandschaft bewohnt haben in Nischen der Liebe –, warum nur gehen wir einander jetzt aus dem Weg? Warum ist jetzt KEINE Begegnung besser als eine mißglückte? Weil wir altern? Weil das »Bild von damals« nicht getrübt werden soll? Weil das JETZT das träumerische EHEDEM mit einem Tritt zu vernichten droht? So mag es sein.

»Damals«, sagte Jorge bei unserem letzten Wiedersehen auf einem Flughafen, »wie schön bist du damals gewesen!« Und Marèle fragte kürzlich in São Paulo: »Weißt du noch, in Afghanistan ... Du bekamst Liebesbriefe von Julian, und ich beneidete dich.« Nach dem Heute fragte sie kaum.

Früher – Zeiten leidenschaftlicher Nähe, Zeiten der Verwundbarkeit, der Entsagung, des Glücks ...! Früher, da sind wir Mann und

Frau gewesen, Pole inmitten einer satten Sinnlichkeit; jetzt nehmen wir gemeinsam in einem eleganter gewordenen Hotel »den Tee« ein, rühren in der Tasse und in der Vergangenheit und versichern uns gegenseitig, daß wir »so alt« ja nun auch wieder nicht seien. Das EINST wird zum Seidengewand; der Stoff des JETZT ist eher hären. Dem weichen wir aus, das Mönchische unseres Zustands beschämt uns, die Körpersprache hat uns verlassen, das bloß gesprochene Wort ist zu arm. So lieben wir weiter aus sicherer Entfernung, schreiben, telefonieren – zuweilen.

Doch selbst, wenn ich schreibe, entdecke ich, daß ich nichts anderes zu sagen habe als Alltäglichkeiten. Und selbst Luis – einst heftig geliebt, dann geopfert auf dem Altar der Treue –, selbst Luis schreibt heute, wenn überhaupt, nur von seinen Enkelkindern.

Eben rief eine bekannte (und wohlhabende) kirchliche Institution an, lud mich ein, einen Vortrag zu halten. Leider aber könne man nur ein lächerliches Honorar zahlen. Leider, antwortete ich, würde ich dafür keinen Vortrag halten.

Freiheit des Älterwerdens!

9. November

Nebel und Frost sind zur Beerdigung der Natur angetreten, Totengräber der letzten Rose. Melancholie verwaltet die Tage. Heute morgen bin ich durch den Garten gegangen auf der Suche nach ein wenig hartem Grün, das ich in eine Vase stecken könnte. Es roch nach Dung. Ein paar Primeln blühten gegen ihre Bestimmung; die blauen Kelche waren gefroren. Im Haus ist es still. Julian hat seinen Neunstundendienst in der Klinik. Wenn er abends mit hängenden Schultern zurückkommt, ist seine erste Handlung, die Überdecke seines Bettes zurückzuschlagen; wir lachen ihn aus, wissen aber, wie erschöpft er ist.

Während die Kinder in der Schule sind, belagern Waschi und Tashi ihre schlechtgelüfteten Betten. Und ich danke für ein paar Stunden am Schreibtisch. Lese Bücher über das Altern, Walter Vogt und Fritz Riemann, und habe Mühe, mich hineinzufinden in eine Zeit, in der eigentlich alles schon gewesen ist. »Tod als Bewußtsein, das Anvertraute zurückzugeben.« (Riemann) Da kann ich folgen; ich weiß, alles ist mir »gestundet« und »geliehen«. Auch, daß »die Zukunft schrumpft«, leuchtet mir ein, erschreckt mich nicht mehr so tief wie früher. Nach einer Bruchlandung in Bombay, 1962, habe ich jahrelang in Todesangst gelebt. Jetzt lebe ich im Bewußtsein gezählter Jahre und Tage. Jeder Sonnenaufgang ist ein Geschenk. Nur gelegentlich, wenn ich junge Leute Pläne machen höre, tut es weh, dieses Ausgegrenztwerden, jeden Tag ein wenig mehr. Dann sage ich mir vor wie ein trotziges Kind, das den Krampus nicht fürchten will: »Maui, du hast eine Lebensfülle gehabt, von der andere nur träumen können!« Dankbar sage ich mir das vor – benutze die Vergangenheitsform. Es gibt auch Tage, wo ich, verletzt und müde, bei mir denke: »Es ist genug.«

Darüber jedoch hat ein anderer zu befinden.

An diesem frostigen Novembertag, an dem ich mich für ein paar Stunden aus dem Weltgeschehen verabschiedet und in mein wehleidiges Innere zurückgezogen habe – an diesem Tag fällt die Mauer zwischen Ost und West.

12. November

Der unglaublichste »Krimi« aller Zeiten! Nie zuvor sind Julian und ich so aufgeregte, gerührte Fernsehzuschauer gewesen wie in diesen Tagen. Beide haben wir 44 Jahre lang mit den »Blöcken« gelebt; das gehörte zum Inventar, dieses »Diesseits« und »Jenseits« unwürdiger Grenzen. Zum Inventar von Millionen Menschen gehörte das, zum Inventar der zweiten Hälfte des 20. Jahrhunderts. Nun, beharrlich und schnell, wird entrümpelt. »Die Nachkriegszeit geht zu Ende«, jubelt die Presse. Wir sind Kinder dieser Nachkriegszeit.

Die Alten weinen, die Jungen entkorken Sektflaschen und rechnen sich ihre Chancen aus. »Wir sind das Volk!«

Mitten in der sich überschlagenden Berichterstattung aus Ost und West schreibt sich in mir ein Satz von Anaïs Nin fest: »Wir haben alle viel mehr Zeit als Leben.«

Doch jetzt, heute und hier, in einer prachtvoll clownesken Umkehrung der Geschichte, spreizt sich die Zeit jählings zum – Leben.

Tote müssen Gott langweilen.

So empfinde ich die Verknotung der Jahre auch nicht als ein »Näher, mein Gott, zu dir«. Wenn ich einmal angekommen sein werde, bin ich nur noch eine ausgeblasene Hülse, die vor Seine Füße weht. Heute und jetzt muß ich IHM anbieten, was ich anzubieten habe. Eine Handvoll Disziplin und Fleiß und Gehorsam – Frommsein, wer weiß, ich weiß es nicht. Vor den Feuern des Dornbusches kugle ich mich ein. Ich will nicht gemeint sein.

Gehorsam am Schreibtisch, ja! Das immer neue Ertragen der Angst vor dem weißen Papier, Zustand, oft genug beschrieben. Tage von erschreckender Wortlosigkeit, Tage der Gnade, wenn lautlos die Worte heruntertrudeln aus einem bestirnten All. Da standhalten, jetzt nicht gehen, flüchten, mit den Hunden laufen, sinnlose Hausarbeiten verrichten. Stillhalten! »Und dem Engel der Gemeinde in Ephesus schreibe ...!« Ich bin kein Prophet, kein Offenbarender, weit gefehlt. Und doch weiß ich ein wenig um die kosmische Last des Wortes, um »Logos«, leuchtend.

»Weltinnenraum«, an diesem starren, glaskalten Novembertag will ich darüber nachdenken dürfen, was einem, der auf die sechzig zugeht, so widerfährt.

Die Erde sieht er anders, den heraufwachsenden Tag. Früher hat er ihn nicht gepriesen, diesen aus rosa Nebeln aufbrechenden, am Bergsaum explodierenden Morgen, der das Laub mit silbernen Litzen umhüllt. Früher ist er dem Tag entgegengetreten mit gespannten Muskeln, fragend – »wie besiege ich dich?«

Den Menschen sieht er anders, sieht nicht mehr sein Gewand, sondern das Tapfere und Erlittene der Person. Sieht das Gesicht hinter dem Gesicht. Gelegentlich fällt mir das auf, wenn Jung-A zum Beispiel sagt: »Mama, hast du den tollen Blumenpullover von Frau X. gesehen?« Ich habe ihn nicht gesehen, sondern die verweinten Augen der Frau.

Den Menschen sieht er anders. Jetzt kann er ihm als Schicksalsgefährten begegnen, vertritt ihm den Pfad nicht mehr. Seine Zärtlichkeit ist absichtslos, will nichts als die Tränen ehren. Arm, reich – das verliert sich als Kategorie ebenso wie häßlich und schön, alt und jung. Der Industriellengattin L., einer Nachbarin, haben sie beide Brüste abgenommen – Krebs. Dann noch eine Totaloperation. Der

Ehemann hat seine schöne, junge Freundin aufgegeben, ist zurückgekehrt zur Frau, zu ihrem wunden, verstümmelten Körper, den er einmal geliebt hat und geschwängert. Jetzt liebt er ihn wieder – anders, inständiger vielleicht. Die beiden Riesennarben bis unter die Achseln ... der zerschnittene Schoß –

Gestern habe ich mit Frau L. telefoniert. Sie sagte mir: »Noch nie bin ich so glücklich und frei gewesen wie jetzt! Kein Alkohol mehr, keine Zigaretten, keinen Kaffee, keine Eifersucht. Werden Sie in den Weihnachtstagen einmal mit mir spazierengehen?«

Ich will. Seit ein paar Jahren habe ich die »Geschwisterlichkeit« von Frauen entdeckt, fühle mich vielen von ihnen verbunden und nahe. Das betrifft auch meine leiblichen Geschwister. Da haben sich alle Kanten abgeschliffen inzwischen. Was übrigblieb, ist ein tiefer Respekt vor der Lebensleistung des / der so ganz Anderen. Unwichtig, ob wir einander verstehen; wir haben »Verständnis« füreinander und das trägt.

Den Menschen sieht er anders. Er darf Feinde haben, er muß sie nicht bekriegen. Er darf lieben, nichts muß er verbergen, nichts beschönigen. Die eigene Würde gestattet ihm Anspruch. Gegenüber den Kindern jedoch versagt das Würdespiel. Da bin ich nichts als eine zu alte Mutter, die kaum mehr zu bieten hat als den einigermaßen geregelten Dienstleistungsplan des Tages. Jung-Jae und Jung-A gegenüber, den Halbwüchsigen, fehlt mir jegliche Weisheit. Und jeglicher Schutz dagegen, daß sie mich, ohne es zu ahnen, täglich tiefer hineinwürgen ins Älterwerden. »Was, du kennst Heavy Metal nicht, Mama? und die Swing-Singers ... und den Film über ... Und die neue Zeitschrift XY ...?«

Gelegentlich fallen auch Sätze wie: »Das könnt ihr doch NICHT MEHR verstehen«, oder »bei euch war eben alles ganz anders, das könnt ihr nicht vergleichen«, und das böse Wort »Grufti« spukt durch die Hinterköpfe. In solchen Augenblicken stehe ich da in der blanken Rüstung sogenannter LEBENSERFAHRUNG, und alle Pfeile gehen durch sie hindurch.

Die Weltgeschichte sieht er anders. So viele Puzzles haben sich angesammelt – Geträumtes, Gelerntes, Wissen –, daß er heute isoliert scheinende Fakten rasch zum Gesamtbild ergänzen kann. Ein Lieblingsspiel von Julian und mir, übrigens. Ein Stichwort flattert auf, einer ergreift es, hängt andere Stichworte daran, schließt die Kette, wobei natürlich oft das eine oder andere Glied fehlt, denn wir haben nicht den Brockhaus im Kopf, eher Burckhardts »Weltgeschichtliche Betrachtungen«, wo die Phänomene einander zugeordnet sind. Wenn ich heute »Peru« höre oder »Ozonloch« oder »Menschenrechte«, spulen sich augenblicklich Zusammenhänge ab, von innen wächst Poesie uns zu – Totenbuch, Tanagrafigur, Tränenkrüglein...

Gott sieht er anders. Er sieht ihn als eine bewegte und bewegende Kraft, oft genug rätselvoll in seinen Härten und Gnaden, dennoch »Welterbarmer«. »Et homo factus est!« Ohne Christus hätte die unsägliche Menschengeschichte wenig Sinn. Zufall wäre sie, wenn nicht gar Ab-fall. Müll – millionenfacher, gleichgültiger Müll. Doch da ist einer, der sagt: »Ich habe dich bei deinem Namen gerufen!« Und der alternde Mensch, der seinen Namen schon hundertfach gehört hat, mit Zärtlichkeit gesprochen oder im Zorn, der Alternde hält sein Gesicht in die Stille und weiß sich gemeint.

Wie oft werben Julian und ich bei den Kindern: Laßt Gott doch nicht so einfach aus eurem Leben fallen, aus Gleichgültigkeit! Weil ihr am Sonntag ausschlafen wollt. Weil Beten für euch keine »action« enthält und Gott nicht auf Knopfdruck Codewörter auswirft wie eure Computer. Gebt euch ein wenig Mühe mit IHM.

In WELCHE Welt wollt ihr hinausgehen? Mit WELCHEN Zielen? Das Sparbuch unter dem Arm genügt nicht!

Den Kindern genügt es. Gott ist ihnen zu anstrengend. Oft genug geht das bescheidene Gebet vor dem Essen unter in Stummheit oder Gekicher. »Laß sie«, tröstet Julian dann, »mit fünfzehn habe ich auch ›Onkel Dagobert‹ gelesen und nicht das ›Johannesevangelium‹.«

Gott sieht er anders, die Spuren leuchten, der Dornbusch brennt, und Kreuzessplitter hat jeder im Leib, der sich den Sechzig nähert. Leid und Verlust reinigen sich von Empörung, werden zu Vorverwandlungen. »Gott schuf den Menschen als Gegenüber seines Herzens«, las ich heute morgen in einer New-Age-Schrift; die Aussage gefiel mir. Das »Gegenüber«, das Partnerschaftliche, In-Freundschaft-Angeschaute und zuletzt – Umarmte! Das ist wohl gemeint.

18. November

Anruf einer Rundfunkanstalt: »Können Sie, ganz schnell…?« Es geht um die jüngste Entwicklung in Korea. O je, die letzten Wochen habe ich mich mit Brasilien befaßt, mit »Négritude«, mit der politischen Entwicklung in Mittelamerika und im Ostblock, kaum mit Korea. Auch meine Welt ist nur bedingt abrufbar. Die Stimme insistiert: »Der Beitrag muß morgen, 15 Uhr, in der Redaktion sein! Ich gebe unsere Telefax-Nummer durch…!« Uff!

Wir wohnen auf dem Land. Weit und breit kein Telefax. Ich sause zur Post. »Wo kann ich…!« Zehn Kilometer entfernt. Die nächste Bibliothek, wo ich Aktuelles nachlesen könnte, ist in München. 55 Kilometer! Gegen Abend Rückruf der Redaktion: »Nicht wahr, Sie schaffen es!« Ich sage: »Ja!« Herausforderung! Noch nie in meinem Leben habe ich »gefaxt«, wie es so schön heißt. Die Redakteurin hat gut reden; sie sitzt mitten im Spinnennetz einer Rundfunkanstalt, wo alles verfügbar ist: Telex, Telefax, die Depeschen der Nachrichtenagenturen, die Sekretärinnen, der Fachmann für Politik, der Experte für Fernost usw.

Ich hingegen…! Schon beim kleinsten Gewitter bricht unser Familientelefon für Tage zusammen. Gegen 20 Uhr noch einmal die Redakteurin: »Ja, das ist schon ein Problem mit Ihnen, Marietta Peitz, daß Sie so auf dem Land leben, und man praktisch keine Aktualität abrufen kann.«

»Das Fax ist vor einer halben Stunde an den Sender abgegangen«, antworte ich atemlos, und spüre, wie weit die modernen Techniken mich bereits ausgeklinkt haben aus dem Wettbewerb.

»Carina 2«, Handbetrieb, Sechsfingersystem! Vierzehn Bücher sind so entstanden.

19. November

Alle Gartenbeete hat der Frost in gläserne Särge gepackt; Krähen picken darauf. In der Einfahrt zum Nachbarhof steht seit drei Tagen ein Trabi, IAA-8-91, ein konturloser, maronenfarbener Kasten auf Rädern, Besitzer unbekannt. Wir wagen nicht zu fragen, auf welch verschlungenen Wegen ein Trabi zu unserem Weiler Riedern gefunden hat. Deutsch-deutsche Geschichte, en miniature! Andächtig bestaunen Julian und ich beim nachmittäglichen Hundespaziergang dieses Westentaschensymbol Freiheit. Am Wochenende ist es – als wär's ein Mercedes – liebevoll eingeschäumt worden von einem jungen Bärtigen, der mit unverkennbar sächsischen Tonfall grüßte. Dann pinkelte Waschi gegen die Reifen.

Waschi – bewegendes Altern der Tiere!

Gemeinsam mit seiner Schwester Wischi ist der kleine Himalayahund Waschi bei uns alt und weise geworden. Wischi starb an einem zu großen Knochen, den sie im Garten gefunden hatte. Über diesem Tod ist Waschi gealtert; seine Schnauze färbte sich grau, in seine Seele schlüpfte, schwer erklärlich, die Seele der Schwester. Am Tag ihres Todes übernahm Waschi Wischis Platz im Elternbett. Und er, der einst so Selbständige, immer Streunende, immer Verliebte – zeigte plötzlich seinen Wunsch nach Nähe und Verwöhnen. In Wischis Nachfolge wurde »mein« Hund von einem Tag zum anderen »Julians Hund«.

Julian und seine Hunde! Eine Geschichte des Exils und der Gleichzeitigkeit. Manchmal ist mir, als würden sich die »Fremden« auf ganz eigene, geheime Art »einander erbarmen«. Waschis Profil ähnelt immer mehr dem von Julian; streunt er, kann ich stundenlang rufen und suchen, ohne ihn zu finden, Julian hingegen watet mit seiner Taschenlampe hinaus in die Nacht und kommt wenig später zurück, Waschi wie ein träg-triumphierendes Kleinkind im Arm. Ätsch!!

Waschis Weisheit beeindruckt mich immer wieder von neuem. Er ist absolut unbestechlich. Wo Tashi, das kleine Tibetermädchen, nach einer Wurstscheibe hechelt, hält er sich nobel abseits, bettelt nicht, verlangt jedoch gelassen seinen Teil. Waschi frißt nicht – er speist. Kommt und geht, wie es ihm paßt. Kündigt seine Rückkehr an mit einem Bell-Laut unter dem genau richtigen unserer zwanzig Fenster, wedelt, schleckt würdig an einer Fingerspitze und – geruht zu ruhen. Natürlich in unseren Seidenkissen auf der weißen Couch.

Seine wachsende Äbhängigkeit von uns »Menschenhunden« erträgt Waschi mit Demut. Hält mit seinen Goldaugen Julian fest, bis mein Mann begriffen hat, daß der Hund leidet. Waschi wird umsorgt wie ein Wickelkind, dankt mit stiller Treue, pustet uns am Morgen mit feuchter Schnauze aus dem Schlaf.

Tashi, das Zigeunermädchen mit den konfusen Heftigkeiten, verjüngt ihn. Für Augenblicke. Dann muß Waschi sie aufgeben, die

Hatz, drei Daxler-Katzen im Kirschbaum. Nachts bevorzugt Tashi den Duft der kaum gewaschenen Tochter Jung-A; jedem das seine...

Warum ich von unseren Hunden erzähle? Weil auch sie – wie die Kinder – Zeitkalender unseres eigenen Lebens darstellen. So viele Jahre, so viele Ängste, so viele Gemeinsamkeiten! Als Wischi starb, weinte Julian. Wann wird Waschi sterben?

Seit heute morgen ist er verschwunden. Ich werde ihn suchen müssen, ehe Julian vom Krankenhausdienst zurückkommt.

Und der Schreibtisch, der Schreibtisch...?

20. November

Die ältere Frau und die jüngere! Beide sind gestern an unserem Tisch gesessen, zwei Schicksale; sie wissen nichts voneinander.

Da ist die Daxlerin, so alt wie ich, doch mit gekrümmterem Rücken, vom Leben verschlissener als ich. Hartes Bauernleben im Voralpengebiet. Oft stelle ich Vergleiche an zwischen dem niederbayrischen Roman »Herbstmilch« und den Nachbarn. Nicht zum Gottbegegnen wird da in die Kirche gegangen, sondern aus purer Vereinsmeierei: Schützenfest, Fronleichnam, Leonhardi, Bauernkrieg... Der bayrische »machismo« kommt nicht nur im Gamsbart zum Ausdruck (das wäre harmlos), sondern auch in der Verwaltung des Hofs, wo das Gebot gilt: Die Weiber haben zu dienen!

Seit vierzig Jahren dienen die »Weiber«, hier die beiden Daxler-Schwestern. Dienen und dienen! Stall, Essen, Frühstück, Feriengäste, Putzen, Waschen, Honig schleudern, Apfelsaft mosten, Sonntagskuchen backen (und nicht nur einen), aufräumen hinter den Mannsbildern. Das Lieserl, das sonst nur den Katzen hinterherweint, greint am Küchentisch. »Nicht mal zu Weihnachten krieg ich einen Zehner oder einen Fünfziger! Wann I net putzen gangert, net a Markl hätt i in der Taschn! Find'st dös ebba gerecht?«

Ich finde das nicht gerecht. Die Ausbeutung des Menschen durch den Menschen ist für mich immer ein zornig machendes Thema gewesen. Und nun das, in nächster Nachbarschaft! Das Lieserl ist eine Frau wie ich, fleißiger, geprüfter, härter, einsamer. Sie kann fluchen wie ein Waldarbeiter. Wie kam es zu diesem Gespräch?

Vor ein paar Tagen habe ich die Daxler-Schwester zu einer Operation ins Krankenhaus gefahren. In einem Umkreis von nur wenigen Metern standen fünf Daxler-Autos herum; aber niemand war willens, H. ins Krankenhaus zu bringen. Als ich kam, um H. abzuholen, schlief sie, in Stallkluft und roten Kniestrümpfen, erschöpft in der Küche. Niemand hatte ihr beim Einpacken geholfen, niemand es für nötig gefunden, sie wenigstens bis zur Wagentür zu begleiten.

Als H. schließlich erschien mit ihrer Plastiktüte, in der Nachthemd und Zahnbürste verstaut waren, hatte ich Lust, eine Bombe zu werfen in die Daxler-Werkstatt, wo der Bruder, statt die schwerkranke H. zu begleiten, an seinem Geld feilte.

Wie kam es zu diesem Gespräch? Weil ich mir ein Herz gefaßt hatte, das Lieserl zu fragen: »Warum geht ihr so mies miteinander um, ihr drei Geschwister? Warum wird bei jeder Kuh, die kalbt, sofort der Tierarzt geholt, doch für die Schwester ist niemand verfügbar?«

Ich war wütend. Das Lieserl weinte. Harte, hölzerne Tränen. Ich sehe noch den gelben Socken über ihre Faust gestülpt und das Loch, das sich nicht schließen will. Den fettigen Haarknoten sehe ich, er zuckt. Und MEINE Lesebrille auf der Nase vom Lieserl...

Wo ist sie geblieben, die stolze, fesche Bauerntochter von ehedem, die kräftig umzugehen verstand mit Mannsbildern und Tieren? Nichts mehr davon. Ein geschundenes Menschenwesen, dem für seinen Kummer nur noch eine derbe Fäkaliensprache zur Verfügung steht. Seit Jahren habe ich das Lieserl nicht mehr im Schalk gesehen. Muffiges Stallgewand, Kniestrümpfe, auch im Winter, Gelenkrheumatismus und beim Katzenfüttern eine Stimme, die fast wimmernd aus dem hohlen Inneren kommt. Ich bin keine Feministin, doch empört es mich, wenn eine Frau so hinuntergedrückt wird in den Schmutz. Das beschmutzt nicht nur sie – das beschmutzt alle.

Die Jüngere kam zum Abendessen nach Riedern, zum erstenmal. Ihr Buch ist ein Erfolg gewesen, die Geschichte einer behinderten Tochter. Nennen wir sie Karin, die schreibende Mutter. Sie ist »lieblich anzusehn«, eine Frau mit großen Lachaugen, einem Botticelli-Profil und von schwarzen Falten umhüllter Weiblichkeit.

Im Verlauf des Abends entdecke ich, daß sie ein wenig zu angestrengt lachen, Augen und Mund. Über etwas hinwegspielen wollen, das nicht hinweggespielt, sondern geleistet sein will: 22 Jahre Leben mit einem schwer behinderten Kind! Geleistet sein will auch, daß da jetzt keine Klage kommt, kein Selbstmitleid, nur zärtliche Trauer. Ich bewundere Karin. Heldentum, das hat das Leben MIR nie abverlangt. Wie ein Mädchen lacht Karin zu Julian hinüber; sie mag ein gutes Jahrzehnt jünger sein als ich. Ich beneide sie um dieses »Jüngersein«, um die Faltenlosigkeit des Gesichts, beneide sie um ihren frischen Ruhm als Schriftstellerin.

Lachend macht sie mich zur »Urahnin«, der »tollen Frau«, die so viel gereist ist und so viele schöne Bücher geschrieben hat. Vergangenheitsform! Ich schenke Kaffee nach und fühle, wie ich vermoose. Ein Torso am Ende der Wiese, zu dem die Vögel pilgern! Und alte Damen, gelegentlich auch junge, lachende Dichterinnen, die gerade nachsinnen über ein zweites Buch.

Meine Augen schmerzen, die Schultern tun weh. Ich bin todmüde. Zwei Aspirin helfen mir über den Abend, den Karin schließlich einen »geglückten« nennen wird.

23. November

Unruhiger Morgenschlaf, Samstag. In aller Herrgottsfrühe hat Julian seine Tochter zum Pferdestall gefahren. Zehn Grad minus zeigt das Thermometer auf der Nordseite des Hauses. Der Garten ist weiß, die Mondsichel ist weiß, die Bergsilhouetten sind weiß und die Spitzen des Buchsstrauches.

»Trauer muß Elektra tragen«; dieser Titel drängt sich mir auf, wie ich das Bettzeug aus dem Fenster hänge.

Ich sehe Frauen, eingehüllt in weiße Gewänder, Frauen auf Pilgerschaft dorthin, wo die LETZTEN DINGE geschehen – Geburt, Schuld und Tod und Versöhnung. Frauen sind es, nicht Männer, die es begleiten, das Leben. Und schließlich bergen. Und selbst zurücktreten ins Verborgene. Die weiße Trauer der Frauen...

An diesem Morgen läßt Elektra sich auch durch einen gründlichen Hausputz nicht vertreiben.

Julian sagt: »Das mit meiner Bronchitis...«, während ich mit Teebeuteln meine Augenringe zu bekämpfen suche und den Blick in den Spiegel meide. Vergangenes Jahr hat mir einmal eine zur Zwergin verschrumpelte Achtzigjährige in einem Pariser Hospiz gesagt: »Sie müssen einmal eine schöne Frau gewesen sein, Madame!« Einmal – gewesen sein...? Ich war nie schön; lebendig war ich. Der letzte Heiratsantrag liegt schon Jahre zurück. Er kam von einem algerischen Gastarbeiter, einem zappeligen Männchen, das neben mir im Zug saß und mich mit unverhohlener Bewunderung anstarrte, mich, die große Blonde. Wir unterhielten uns; im Lauf des Gesprächs erfuhr ich, daß mein Heiratskandidat bereits zwei Frauen und elf Kinder hatte.

Julian fand sie lustig, meine letzte Liebesgeschichte.

Es tut einfach weh, allmählich zum Neutrum zu werden, das sich mit Insignien der Weiblichkeit nur noch DEKORIEREN kann. Der DEKOR findet Beachtung, das teure Kostüm, die Aleppo-Goldkette, die Raffinesse beim Herausputzen eines erschöpften Gesichts. Vorhänge, nichts als Vorhänge, bei denen übrigens die amerikanischen Frauen traurige Meister sind, während die Französinnen, alternd, den Mut zur Groteske haben, das Ungenügen betonen, und dadurch so etwas wie zärtliche Wehmut ausstrahlen.

»Celle qui jadis était la Belle Hélène...!«

Vorhänge mag ich nicht, doch entdecke ich immer stärker den Zusammenhang zwischen äußerer Haltung und innerer.

Nie hätte meine Mutter ihren Mann in Hausschuhen begrüßt...

24. November

»Había una matanza en la UCA. Han matado a los padres, a Elba y Celina.« (»Sie haben ein Blutbad angerichtet in der Zentralamerikanischen Universität. Haben die Jesuitenpadres ermordet, die Köchin Elba und ihre Tochter Celina.«)

Seit einer Woche leben wir mit dieser Nachricht, Julian und ich. Suchen Photos heraus von Ignacio Ellacuría und dem Direktor des Instituts für Menschenrechte, Segundo Montes. Sammeln Material, schreiben, treffen uns mit befreundeten Jesuiten in München. Was hat vor einem solchen Hintergrund mein Altern schon für eine Bedeutung?

Im Fernsehen die Gesichter der kleinen Leute von El Salvador. So viel Erlittenes! Und dennoch, Gesichter voller Rätsel, Gesichter ohne Fanatismus, Gesichter von einer großen, bekümmerten Güte. Immer und immer wieder habe ich sie erleben dürfen in Asien und Lateinamerika, DIESE Gesichter. Wir haben ihren Schmerz verschuldet, Gott ihre Güte.

»Du siehst verhärmt aus, Maui«, sagt Julian nach einem langen Tag des Nachrichten-Weitergebens. Verhärmt? Einen Augenblick lang lausche ich dem Wort nach: Harm, harmlos, harmvoll, sich härmen – ein altes Wort, eigentlich schon gar nicht mehr in Gebrauch. Nur »harmlos« hat überlebt.

Nicht, was wieder einmal in Mittelamerika geschieht, »verhärmt« mich; das empört, drängt zu Solidarität und Veränderung. Gestern haben Julian und ich dem französischen Präsidenten und dem deutschen Kanzler einen beschwörenden Brief geschrieben, die Mittlerrolle Europas in diesem schäbigen Konflikt der Interessen doch endlich ernst zu nehmen.

»Verhärmen«, denke ich, das ist wie »vergären«, ein langer, langsamer Prozeß des Ausgeliefertseins an eine unaufkündbare Situation. Und weil die Situation eben unaufkündbar ist, beschließe ich wieder einmal, meine »Verhärmung« harmlos zu finden. Solange sie nicht säuert wie schlechter Wein.

Julian altert wie ein stehendes Gewässer. Während es sich langsam eintrübt, baut es neue Lebensräume auf. Die Verlandung vollzieht sich sanft. Biotop Julian! Auch ich habe mich eingenistet in seinen Säumen. Hier, nur hier, in der Windstille, könnte sie gelingen, die dritte Häutung.

Zuweilen ist auch Julian erschöpft; seine Beine quälen ihn und der operierte Rücken. Im Rachen sammelt sich Schleim und Gas im Darm. Seine Medikamente lassen ihn tranig werden; dann will er nur still dasitzen dürfen und seine »Le Monde« lesen, letzte Rückbindung an die Heimat Frankreich. Zuweilen sprechen wir über das nächste Jahr, die nächsten Jahre, wenn Julian ausgeschieden sein wird aus dem »aktiven Arbeitsleben«, wie es so schön heißt. Ich träume von einem Nest in Südfrankreich. Der Sonne wegen, Julians wegen, dem das »bayrische Exil« doch immer wieder schwer wird. Dann rechnen wir nach – vierzehn ist Jung-A und Sohn Jung-Jae sechzehn –, keine Chance! Unserem biologischen Alter entsprechend müßten wir längst erwachsene Kinder haben, die aus dem Haus sind, und dürften uns – wie manche Freunde – einrichten im Älterwerden. Nichts davon. Ab und zu reiben sich die verschiedenen Lebensrhythmen schmerzhaft aneinander. Zwei Stichworte genügen: Stille und Lärm!

25. November

Das Jahr altert!

Auf der großen Jahresübersicht neben unserem Bett, auf der alle Termine eingetragen werden, kreuzen die Tage sich durch, volle und leere.

Lebenszeit! Und da sind noch meine Erschöpfung und die wohl unvermeidlichen Novemberdepressionen, die die Tage weiter verkürzen. »Wirf's zum übrigen«, pflegt meine Mutter zu sagen, wenn wieder einmal alles mißglückt ist, das Leben-Dürfen, das Leben-Wollen und auch das Leben-Müssen – »wirf's zum übrigen!«

Viel »Übriges« sammelt sich an in sechsundfünfzig Jahren. Sei's drum.

Darüber lerne ich, etwas widerwillig, mich einzuüben in die Pflichten und Aufgaben der »Älteren«. Da schreiben die unterschiedlichsten Leute, Alte und Junge, suchen Rat oder Arbeit, wollen getröstet sein oder finanziell unterstützt, wollen ihre Gedichte gelobt sehen oder etwas tun für El Salvador oder die Straßenkinder von Rio, laden mich ein zu literarischen Zirkeln, Dichterlesungen in Damenkränzchen oder zum Besuch einer einst verschenkten Wischitochter im Rheinland. Ich mühe mich, eine gewissenhafte »Briefkastentante« zu sein; manchmal hilft Lebenserfahrung wirklich einen Schritt weiter. Dann wiederum hilft NICHTS weiter. Das süße, gestörte, verstörte Koreanerkind Li – ich kann es nicht über den Abgrund tragen. Einen, der dem netten Ruandesen Patrick ein Studium in Frankreich bezahlt, kenne ich auch nicht. Und Marie-Joe aus den Philippinen, die für zwei Jahre zu uns kommen wollte, um Mutter und Bruder ernähren zu können, bekam gerade ihre Aufenthaltsgenehmigung für Bayern verweigert.

Kummervolle Abendgespräche mit Julian, Ratlosigkeiten, Kompromisse – oft genug des Geldes wegen. Und vor unserer Tür dreht die Völkergeschichte im Augenblick jubelnd ihre Pirouetten: Polen, Ungarn, CSSR, DDR... wir lauschen! Nein, nicht WIR sind der Herr der Geschichte!

Ich habe mir vorgenommen, jeden Brief zu beantworten. Nur, wenn der Ton allzu hymnisch wird, verweigere ich mich. Dazu weiß ich zu genau um meinen eigenen Zustand, um Ungenügen und Ängste und die bedrohliche Grundierung der Trauer; Hymnen mag ich nicht. Möge man sie mir bitte auch am Grab ersparen. Die »liebevolle-

Gattin und Mutter«, die »engagierte Schriftstellerin« und »versierte Journalistin« – was von alledem bin ich wirklich gewesen?

Ich habe versucht zu lieben – auch gegen den Strom. Ich habe gehofft, geliebt zu werden – auch gegen den Strom.

26. November

Vor Wochen schon habe ich den Elektriker gebeten, im Haus noch ein paar zusätzliche Lichtquellen anzubringen. Wir haben zu viele verschattete Nischen. Oder kommt es mir nur so vor, weil ich zunehmend schlechter sehe und mein Bedürfnis nach Wärme und Licht immer größer wird? Gottlob schiebt im Augenblick der Föhn noch die bleiernen Finsternisse des Winters an den Bergrand.

Bücher über Alter und Tod lese ich immer mit Mühe. Aber wem fällt das leicht. Jetzt aber wurde ich gefragt, ob ich einen Film über eine »Sterbeklinik« in der Bundesrepublik drehen wollte. Zögernd antwortete ich: »Ich will!«

Ich verbrachte den Tag damit, bei den Jesuiten in München schon existierende Filme über die »Hospizbewegung« anzuschauen. Am Ende sind wir doch alle sich leidvoll zum Fötus einkrümmende, kleine Tiere, stinkend und speichelnd! Das Paradies hat es schon nötig, voller Düfte zu sein! – Spaghetti essen wir mit X, SJ – nach vier Stunden »Sterbenmüssen«.

Jesuiten! Die alten Freunde, die gefährdeten Freunde, die toten Freunde! Fast alle Filme in der Dritten Welt habe ich mit ihrer Hilfe gedreht. Mit dem spanischen Provinzial für Mittelamerika sind wir vor Jahren einmal quer durch El Salvador gefahren. Auf Nebenstraßen, bei Nacht. In einem klapprigen 2-CV. Es war eine Zeit des Tötens. Sieben Priester ermordet, Rutilio Grande SJ, das erste Opfer. *Er* war es gewesen, der Bischof Romero Demut und Mut gelehrt hat. Wir filmten mit Bischof Romero, seine Predigt in der Kathedrale der Hauptstadt, diesem häßlichen, schicksalhaften Gebäude. »No materás!« (Du sollst nicht töten!) Und jetzt, einmal mehr, das Hinschlachten der Weggefährten. X zeigt erste Photos; weggeschossene Gesichter!

»Den allein rette ich, der liebt, was ist, und den man sättigen kann.« (Antoine de Saint-Exupéry)

SO SIND SIE GERETTET!

In die Gemütlichkeit des Riedern-Hauses schleicht sich, durch tausend Ritzen, der Tod ein. Und weil alles so nahe ist, was geschieht, hat der Mord an den Brüdern in El Salvador auch etwas mit UNSEREM Tod zu tun, Julians und meinem; dem der Kinder noch nicht, gottlob.

Die Befreiung der Völker des Ostens verfolgen sie auf dem Fernsehschirm mit nachlassender Aufmerksamkeit; für sie ist der »Krimi« schwach, kein Gemetzel, keine wüste Verfolgung, und die »lovestory« (die eigentliche) so verklausuliert, daß man nicht einmal weiß, wer die wahre Geliebte ist. »Freedom« singen die Kinder zu ihrer Gitarre, die alten Gospelsongs – und wissen nicht, was sie singen.

Schreibenmüssen inmitten zerstückelter Tage! Wie oft geschieht es, daß ich nicht mehr den Mut habe zum nächsten Wort, mich dennoch vor das Papier quäle, das da so unerbittlich und fordernd in der Schreibmaschine hängt, die Buche anstarre im Nachbarsgarten, die mir, sich im Frühling belaubend, den letzten Blick auf die Berge verstellen wird, und zuletzt noch das bißchen Novemberkraft zusammenraffe, stillhalte, warte –

Irgendwann fällt der Tau aus den Steinen, und das Eis begrünt sich; ETWAS darf eintreten ins geschriebene Wort. Keine Prophetie, keine Weissagung, nichts als der Versuch, das Gewebe gelebten Lebens zu entziffern. Früher habe ich jede Manuskriptseite korrigiert, wieder und wieder. Jetzt lasse ich sie einfach hineinrollen in den Text, die seltsamen Wörter, und weiß nicht, ob sie sich zu gültigen Aussagen zusammenschließen. Die Wörter nämlich sind meine Brüder.

27. November

Beiratssitzung in einer kirchlichen Institution!

Da sind sie alle versammelt, die klingenden Namen von heute und ehedem und sollen darüber nachdenken, wie das zu leben sei, »Christsein in unserer Zeit«. Von seiner persönlichen Gotteserfahrung berichtet der Architekt, und der Psychologe wehrt sich gegen die Entmündigung der Propheten. Um die »bösen Medien« geht es und darum, wie Rom den Moraltheologen die Schlinge um den Hals wirft. »Kirche und Europa«, das ist ein Thema; das andere klingt nur dünn an in einer Verneigung vor den ermordeten Jesuiten von El Salvador: Kirche und Welt! Ratlos frage ich mich wieder einmal: Warum dringt der Schrei nicht durch, daß wir, im Westen, morden, morden, morden! Die Kriegsmaschine mordet, die Macht mordet, die Systeme, das Geld, Gewissenlosigkeit, die Kirchen! Ja, auch sie. Soeben ist in Argentinien der Kapuzinerpater Juan Antonio P., ein alter Bekannter von mir, zu zwanzig Jahren Haft verurteilt worden. Ein Prozeßbeobachter sagte uns: »Es sieht schlecht aus. Von seiten der Amtskirche ist keine Hilfe zu erwarten.« Verständlich! Unter der Militärdiktatur hatte der Ordensmann den Bischöfen in heftiger Anklage ihr Schweigen vorgeworfen; jetzt verschwindet der unangenehme Zeitzeuge hinter Gittern, während die wahren Henker und Mörder Amnestien fordern.

Man applaudiert dem Selbstreinigungsprozeß des Kommunismus. Wann endlich werden wir Mut haben, unseren eigenen Selbstreinigungsprozeß einzuleiten?

Bei allen Tagungen, in allen Vorträgen wiederhole ich diese Frage. Freiheit des Älterwerdens: Man hat keine Karriere mehr zu verlieren, wenn man offen ausspricht, was einem auf der Seele brennt.

Als ich spät abends nach Hause komme, liegt Jung-A im Clinch mit ihrem Vater. Das kommt selten vor. Die Auseinandersetzung überträgt sich bald auf die müde Mutter, weil Julian »die Nase voll hat« und schlafen geht. Eine Kleinigkeit nur, aber darum geht es bald nicht mehr, sondern um eine aufgekündigte Liebe und ein weinendes Kind, das mir in den Arm kriecht. »Wenn du wüßtest, Mama, wie mich alles nervt. Seit langem schon. Du, die Schule, die Freundinnen...!« Ich glaube, es ein wenig zu wissen. Erwachsenwerden ist ein ebenso verwirrender und schmerzlicher Prozeß wie Altern. Wir sind, mein Kind, so weit nicht voneinander entfernt!

Auf meinem Kopfkissen die Post des Tages, Prospekte, Rechnungen, der Dankesgruß eines alten Priesters, der eine meiner Rundfunksendungen gehört hatte. Die Karte endet mit dem Satz: »Zur Zeit muß ich mich wegen eines Gehirntumors einer Strahlenbehandlung unterziehen. Herzlich Ihr...«

Und noch eine Karte; die Abbildung zeigt häßlich hackende, schwarze Vögel.

»Ich säubere
die Wohnung
ich bin zuständig
für meinen
(seelischen) Müll
doch ich spüre:
so langsam
werde ich
selbst Abfall!«
Li.

Li, das Kind, das mir vor ein paar Tagen gesagt hat: »Noch kann ich nichts anderes tragen als Schwarz.« Herausgeputztes, punkiges Schwarz allerdings, Lederjacke, Stiefel mit silbrigen Beschlägen! Ich schob meinen Arm in den ihren und sagte: »In Asien ist die Farbe der Trauer Weiß!«

30. November

Abendeinladung bei einer Freundin, mit der wir mehr gemeinsam haben als schwierige Söhne. A. ist geschieden; das macht es ihr schwerer als mir, mit einem cleveren Siebzehnjährigen zurechtzukommen. Heute überspielt, übersingt sie ihre Ängste, die Enttäuschungen, die Einsamkeit. Gospelsongs! Tschises! Welch zentrale Rolle spielt doch dieser Jesus in der Musik der Afro-Amerikaner. ER ist der Befreier. Der ganze Song, laut-leise, vielstimmig, beschwört seinen Namen.

»Let my people go...!«

Über den adventlich leuchtenden Tisch hinweg schaut Julian mich an. Ich weiß, warum. Heute nachmittag nämlich lagen, derb verrastert und photokopiert, Bildberichte über die in Salvador ermordeten Jesuiten auf meinem Schreibtisch. »Das ist Montes«, hatte Julian angemerkt, »ich erkenne die Kopfform, den Haaransatz.«

Ich erkannte nichts mehr. Das Gehirn hat man ihnen herausgeschossen, den Vordenkern eines neuen, brüderlichen Christentums!

»Let my people go...!«

Der Abend wird heiter, eine Mischung aus Basisgemeinde, Agape, Kirchenchor und Gelächter. Eine ganz eigene Weise, dennoch fromm zu sein. Wie selten heute.

Bei der Heimfahrt sagte ich: »Warum können unsere Kinder nicht in einem solchen Klima aufwachsen? Warum immer Fernsehen und Kartenspielen und diese gelangweilte Trägheit?«

»Vielleicht müßten wir dazu andere Kinder haben«, antwortete Julian still, »oder unsere Kinder andere Eltern.«

In der Nacht gelesen bei Eugen Drewermann, dem im Augenblick so neidvoll Angefeindeten:

»In jedem Moment kann der Tod uns fragen, wie wir mit dem Leben umgehen und wozu wir da sind. Er verlangt von uns ein Stück Geradheit, Ehrlichkeit, Weitherzigkeit. Gewiß können wir auf den Tod antworten mit Vermehrung von Lebensangst, Engstirnigkeit und den Mechanismen sinnloser Verteidigung. Aber wir können, angesichts des Todes, auch lernen, weitherzig zu sein; denn angesichts des Todes sind wir alle Brüder und Schwestern, heimgesucht alle letztlich vom gleichen Schicksal.« Schlaf gut, Liebster! Als wir vor achtzehn Jahren geheiratet haben, haben wir uns auch gegenseitig zum Hüter eingesetzt über des anderen Sterben.

1. Dezember

All die kleinen und großen »Hindernisse des Weges«, die im Winter noch spürbarer werden, und von denen die Kinder nichts ahnen!

– Wenn ich zum fünfzigstenmal zum Zahnarzt nach München fahren muß und nichts essen kann, weil das Zahnfleisch blutet.

– Wenn Julian Abend für Abend seinen linken Arm in Eis packt und dennoch stöhnt am Morgen, wenn er in sein Hemd kriecht.

– Wenn die Straßen vereist sind und nebelverhangen, die Kinder aber zum Gitarrenunterricht gefahren werden müssen.

– Wenn um sechs Uhr früh der Schneepflug weiße Mauern vor unsere Garage schiebt, Julian aber pünktlich um sieben Uhr im Krankenhaus sein muß.

– Wenn ich einen gemeinen Brief bekomme oder einen bittenden, und weder Gemeinheit noch Bitte recht beantworten kann.

– Wenn eine menschliche Beziehung »mißglückt« oder veruntreut wird.

– Wenn die weiße Strähne über meiner Stirn plötzlich gebrochen in der Bürste hängt und dort, wo Haar war, eine kahle rosa Stelle zurückbleibt.

– Wenn Waschis Goldaugen uns ankündigen, daß die Hundetage gezählt sind.

– Wenn die Sonne sich nur noch heraufschleppt über die Berge, um unterzugehen.

– Wenn Julian, der Sanfte, den Sohn auf französisch anschreit, weil ihm vor lauter Erschöpfung kein deutsches Wort mehr über die Lippen will.

– Wenn der tägliche Hausputz sich wiederholt, wiederholt, wiederholt! Und sich schließlich ein Liter Salatöl auf dem Küchenboden verbreitet.

– Wenn ich endlich am Schreibtisch sitze, meine Hausfrauennägel betrachte mit der Verächtlichkeit der Intellektuellen, und das Telephon schon die nächste Banalität einläutet: »Ihr kleiner, weißer Köter hat gerade meine Frau gebissen! Das wird Folgen haben...«

Heute, vor dem ersten Kaminfeuer des Winters, habe ich angeweint gegen die Feindseligkeiten im Leben. Kinder, Arbeitskollegen, scheinbar Verbündete! Wir selbst! Die Unbrüderlichkeit der Reichen gegenüber den Armen, die entsetzliche Gleichgültigkeit, das Nicht-Betroffensein! Als ob es eine vorgegebene Unabänderlichkeit sei, daß der eine hungert und der andere praßt! Und WIE gepraßt wird in diesen Vorweihnachtstagen. »Nur Luxusartikel verkaufen sich«, meldet der Einzelhandel, Boss und Rolex und die Diamanten fürs Glück! Alles fürs »Liebe Jesulein in der Krippe«; das nackte Kind, die bloße Verheißung, zugeschüttet mit HABEN!

Und Haben-Wollen! Die Grenzen nach Osten öffnen sich, eine nach der anderen. Gestern habe ich Iwan angerufen in Prag. Zum erstenmal seit 1968 habe ich in die CSSR telephoniert. Spontan. »Hör mal, wenn wir Weihnachten feiern dürfen, dann deshalb, weil ihr es möglich gemacht habt.«

Iwan ist zu verblüfft, um gleich zu antworten. »Kommt bald«, sagt er schließlich. – »Ihr könnt in unserer Datscha wohnen! Bitte, kommt!«

Und unser flotter Leipziger schrieb, die »roten Teppiche« lägen bereit!

Wintergeschenk! Mit so vielen Opfern erstritten. Mir ist nach Danken zumute, nach Jubeln nicht. Jede Gegenwart hat ihre Zukunft. Anfrage an uns, im Westen: Werden wir brüderlich sein oder nur habgierig? Werden wir von »Märkten« reden oder von »Menschen«?

»Wir sind nicht selbstverständlich«, schreibt Eugen Drewermann, und fügt hinzu: »So sind wir Menschen, wenn wir versuchen, wahr zu sein.«

WELCHE Wahrheit haben wir ihnen anzubieten, den wahrheitshungrigen Völkern des Ostens? WELCHE Wahrheit werden SIE UNS verkündigen, wenn sie nach Generationen des Verstummens wieder verkünden dürfen? Hat ein Dostojewski nicht tiefer um die Abgründigkeiten Gottes gewußt als wir?

Kamingedanken! Leicht zu denken, wenn man in der Geborgenheit eines bayrischen Hauses sitzt und sich der Melancholie des Feuers überläßt. Julian schenkt Glühwein nach. Ich weine; warum weine ich?

Weil – vor der Zeit – Sylvesterraketen blinkend und bunt zum Himmel hinaufgeschossen sind, Sternbilder ohnegleichen, doch morgen schon, morgen werden wir die Abfälle aus den Wiesen räumen müssen. Und die Armen sind immer noch arm, die Ärmsten werden die Ärmsten bleiben. Vom Feuerwerk haben sie nichts zu sehen bekommen.

Stumm werfe ich die letzten Meldungen aus Kolumbien, werfe die Weihnachtspost aus Korea, Pakistan, Uganda, werfe die photokopierten Bilder der salvadorianischen Märtyrer ins Feuer.

3. Dezember

»Unsere eigene Individualität können wir dazu nützen, die Seltsamkeit und Unableitbarkeit, die unwiederholbare Schönheit eines jeden Menschen an unserer Seite zu entdecken, zu fördern und zu vermehren. Dieses sterbliche, kurzzeitige Leben, das wir führen, kann ein einziges Konzert der Dankbarkeit für die erstaunliche Tatsache sein, daß es uns gibt. WIR SIND NICHT SELBSTVERSTÄNDLICH.«

Morgenlektüre – Eugen Drewermann! Kritisch beginnt der Tag. Ehrlich gestanden würde ich lieber eine Liebesgeschichte lesen, so eine Beziehungskiste mit Rundumdekor, der uns in Riedern fehlt. Den Kindern vor allem.

Statt dessen steht Fachliteratur über das Altern und Sterben auf dem Morgenfahrplan. Widerwillig mache ich mir Notizen. Diese etwa: »Im spätmittelalterlichen Sprachgebrauch heißt altern so viel wie erneuern, erfrischen (sich altern = sich erneuern, sich erfrischen).«

Ein Blick in den Spiegel genügt, um diese spätmittelalterliche Wortbedeutung zu widerlegen. Anatomie eines sechsundfünfzigjährigen Gesichts: Falten, schlechtgeschminkter Mund, am Kinn immer stärker hervortretend die Hungernarben der Nachkriegszeit, Halsverdickungen, Locken, die längst kein Schmuck mehr sind, nur Verdeckung, zu viel Strenge um Nase und Lippen, Bitterkeit fast, kurzsichtige Augen, die Wimpern verklebt von Mascara und unruhigen Nächten. Schließlich, im Hintergrund, die strenge, verständige Stimme von Tochter Jung-A: »Mama, du hast schon wieder eine teure Creme gekauft!«

Habe ich.

Wir umarmen uns – lachend. Das Kind weht mir Frühling über die Haut.

6. Dezember

Viele Gaben hat Bischof Nikolaus dieses Jahr vor die Haustür Europas gestellt. Gaben als Herausforderungen! Krampus blinzelt listig über die Schulter. Muß er sich neue Ketten schmieden?

Im Riedernhaus laufen die Kontrastprogramme auf Hochtouren: Selbstbefreiung der Völker im Wohnzimmer, während bei Jung-Jae »Dirty Dancing« über den Fernsehschirm flimmert. Jung-A sieht diesen Kultfilm zum sechstenmal. Draußen blüht die Nacht, die von Leipzig, von Budapest, von Prag! Fast unbemerkt rinnt ein Ende hinein in einen Anfang: Erster Advent, Beginn des Kirchenjahres, Erwartung! Während sich die Tage weiter verkürzen.

»Du, Vater, du, rate!
Lenke du und wende!
Herr, dir in die Hände
sei Anfang und Ende,
sei alles gelegt!«
(Eduard Mörike)

Nach Beten ist Julian und mir zumute – nach Reden. Plötzlich scheint der Krieg wieder auf, in dem wir Gegner gewesen sind, Franzosen und Deutsche. Plötzlich wird uns bewußt, daß auch wir fünfundvierzig Jahre lang im Schatten der beiden Machtblöcke gelebt haben mit einer gewissen Selbstverständlichkeit. Denn es ging uns gut. Jetzt mischen sich auch für uns die Karten neu. Ein paar Jahre lang hat Julian einst in der kommunistisch angehauchten Gewerkschaft CGT gearbeitet – Dienst an den Seeleuten! Ein paar Jahre lang habe ich mit kommunistischen und sozialistischen Gruppen in Lateinamerika sympathisiert. Jetzt steht der Kommunismus am Pranger; eine Gesellschaftsutopie mehr, die korrumpiert wurde und schließlich gescheitert ist. In welchem Zeichen werden die Völker der Dritten Welt einmal siegen? Coca Cola und IBM? Christus?

»Marchas de hambre« – Hungermärsche, nicht mehr, nicht weniger? Aus Kolumbien kommen beunruhigende Nachrichten. In Kali ist ein deutscher Jesuitenmissionar angeschossen worden. Schwer verletzt. Dennoch – er will bleiben!

8. Dezember

Die Zeit in den Dingen! Ein Thema, das mich immer fasziniert hat. Wie alt wird ein Waschlappen? Eine Spülmaschine? Ein Biedermeiertisch? Bei den modernen Produkten – Perlonstrümpfen, Fernsehgeräten, Autos – ist der Verschleiß immer schon mit einprogrammiert. Unsere Tiefkühltruhe, zehn oder zwölf Jahre alt, rostet. Irgendwann einmal brennt jede Glühbirne durch; der Batterienverbrauch unserer Kinder ist riesig, frißt das halbe Taschengeld auf. Die Kugelschreiber vertrocknen oder schmieren, das Farbband meiner Schreibmaschine dünnt sich aus. Eine Scheibe erblindet; die Holzstufen vor unserer Haustür splittern und faulen. Ein Brillengestell zerfällt in seine Einzelteile; Jung-As Schuhe haben eine maximale Lebenszeit von zwei Monaten. Mindestens einmal pro Jahr muß ich einen Satz Gläser kaufen.

Vorgegebene Zeit! Ich spüre ihren Biß daran, daß ich ständig unbrauchbar gewordene Dinge ersetzen muß. Durchgelegene Leintücher, den Gummi vom Dampftopf, den verklebten Büchsenöffner, die Kniestrümpfe der Kinder, die zu oft durch den Trockner gewanderte Unterwäsche Julians, bläulich verfärbt, die Primeln, die Christsterne...

Als Hausfrau lebe ich mit der Vergänglichkeit der Dinge; ich bin ihre Hüterin oder sollte es sein! Zerbricht allerdings ein alter, bemalter Krug, ein Nymphenburger Schälchen oder eines unserer mit viel Liebe gesammelten Hinterglasbilder, so bekümmert mich das, einfach weil die Zeit den Gegenstand geadelt hat. Weil Menschen vor mir bereits mit ihm umgegangen sind – stolz oder bedächtig. Weil Generationen ihre Fingerabdrücke hinterlassen haben...

»Der olle Topf; ach, mach doch wegen dem keinen Aufstand, Mama!« Das »Gestern« ist für sie, die Kinder, wertlos, fast lästig. Was sie herbeisehnen, sind die Freiheiten des Erwachsenseins, ist das Morgen.

An der Tür zum Schlafzimmer meiner Mutter hängt ein Bild, das mir immer gefallen hat: »La Pyramide d'âge« – die Alterspyramide! Ein Auf, ein Ab, endend bei »décrépitude et mort« (Zerfall und Tod). Die Kinder stehen VOR der Spitze des Lebensberges, Julian und ich – DAHINTER.

9. Dezember

Ausnahmsweise hat Julian Nachmittagsdienst in der Klinik. Wie Jung-A und ich auch, hat er sich eine Grippe eingefangen. Er will ausschlafen dürfen. Sein müdes Gesicht fältelt sich ins Kopfkissen.

Drei Meter von diesem Kopfkissen entfernt steht mein Schreibtisch. Terminarbeiten – dieser Artikel zugesagt, jene Sendung! Keine Chance heute morgen. Mittagessen für Julian um 12 Uhr, für Jung-Jae um 13 Uhr dreißig, für Jung-A um 14.00. Außerdem habe ich »Fahrdienst« diese Woche. Drei Elternpaare wechseln sich ab, die Töchter an der Busstation zu holen.

Schauder vor dem nächsten Jahr, wenn Julian – weil 65 – nicht mehr arbeiten muß. Wenn er schlafen will, in Ruhe seine Zeitung lesen, ein langes Bad nehmen. Noch einen Kaffee trinken! Und da ist dann das Eheweib, das nervös um die Schlafstatt flattert wie eine Amsel, die nicht ans Futterhäuschen kann, weil sich dort die Katze eingenistet hat; da ist das Eheweib, das Abend für Abend Post und Manuskripte »weg-ordnen« muß, damit am Morgen nicht alles in den aufgeschlagenen Betten ertrinkt.

Wieder einmal umschleiche ich das Riedernhaus. Wo kann noch angebaut werden? Nirgends, eigentlich! Ich will aber meinen eigenen Arbeitsraum haben im nächsten Sommer. Will vermeiden, daß wir uns, Julian und ich, ständig auf die Füße treten. Kinder und ältere Menschen, scheint es, brauchen einen Schutzraum, der nur ihnen gehört. Nur in der Mitte des Lebens darf man sich fröhlich zueinanderdrängen. Vor vier Jahren haben wir das Hausdach heruntergezogen über ein Zimmer für Jung-Jae und eines für Julian. Jung-A bekam mein geliebtes, sonnenhelles Büro.

Jetzt gibt es keinen First mehr, den man verlängern könnte. Oder doch – die Nordterrasse, die einzig als Lichtquelle dient?

Ich bitte einen befreundeten Architekten zum Abendessen.

10. Dezember

Schnee- und Nieseltage, jäher Kälteeinbruch. »Erde, ich bin so traurig!« Dieser Satz kam mir gestern in den Sinn, als ich aus dem Fenster in die rasch einfallende Dunkelheit schaute. Die Regungslosigkeit der Pflanzen, aus denen höchstens ein Spatz noch eine flüchtige Bewegung wippt, die starr gefrorene Luft! Dieser schmutzige, graue Horizont, der vor zwei Stunden noch so strahlend gewesen war! Meine eigene schäbige, kleine, graue Trauer! Warum eigentlich? Warum diese Phasen der Selbstvernichtung? Der Todeswilligkeit?

»Wo alle ringsum sprechen,
Sinnt er dem Einen nach;
Gott wird sie unterbrechen,
Wie er ihn unterbrach.«

Der diese Zeilen schrieb, Georg von der Vring, ertränkte sich, achtzigjährig, in der Isar.

Wo ist MEINE Isar?

Ja, ich leiste mir gelegentlich den Luxus des Unglücklichseins. Wenn es zutrifft, daß sogar die Dinge »ihre Tränen« haben, warum nicht auch eine, vom Leben verwöhnte, Sechsundfünfzigjährige, die ihr Altersgleichgewicht noch längst nicht gefunden hat? Weil da noch zu viele junge Forderungen um sie herumstehen. Manchmal fällt es mir schwer, die lärmenden, sentimentalen und harmlosen Albernheiten der Kinder zu ertragen. Den Kindern wiederum muß es schwerfallen, im Schatten meiner gestrengen »Novizenmeisterschaft« zu gedeihen. Pflichtgefühle, o Gott! Doch dann erwarten sie alle den wohlgedeckten Mittagstisch, die saubere Wäsche und das von einer Freiberuflerin so sauer verdiente Sonntags-Ferien-Reit-Tischtennis-Gitarre-Geld.

»Energie, nicht Mitleid«, sprach die kluge Bettina von Arnim sich einst selber zu.

Tröstlichkeit dieses Tages: Anruf von R., einem deutschen Franziskanerbischof im schwierigen Mato Grosso, Brasilien. Konzilsbischof auch er; jetzt zieht er sich zurück, aus Altersgründen. Sein Nachfolger ist nicht der Gewünschte, vom Gottesvolk Vorgeschlagene. Der Himmel, sagt R., habe ihm einen Wink gegeben; im Süden müßte eine Leprastation geschlossen werden, weil kein Seelsorger mehr zur Verfügung stehe... Die Leprastation wird NICHT geschlossen werden.

Wie Bischof Romero hat auch R. sich von der Wirklichkeit der Armen bekehren lassen. In seinem Bistum ist das Unglück auf der Tagesordnung, menschengemachtes Unglück: Erpressung, Drohung, Landraub, Verelendung – bis zuletzt nur noch die Zehnmeterlinie entlang der Staatsstraßen übrigbleibt als »Lebensraum« für Tausende von Landlosen. Bischof R. kann sich meinen Luxus, gelegentlich depressiv zu sein, nicht leisten; handeln muß er, beten und widerstehen. Den Mächten des Bösen.

Den Mächten des Bösen!

Wenn ich Krieg führe mit Sohn Jung-Jae, sechzehnjährig und schnell im Zorn, höre ich sie zuweilen kichern im Gestrüpp des Herzens – die Mächte des Bösen, viele kleine, rechthaberische Unholde. Wie gern hätte ich dann Bischof R.s Großmut des Herzens. Zweimal fuhr er mit dem Zug von Köln nach München, nur um in der Bahnhofsgaststätte eine Weile mit mir zu reden und dann zurückzufahren. Sechshundert Kilometer!

Wir haben einen Schwarm Krähen ums Haus, seit eine Nachbarin sie füttert, wohl, »um in Ruhe gelassen zu werden von den Geistern«. Auch Marder sind »Geister«; auch sie bekommen ihr Fressen. Und die Daxler-Katzen, die jetzt im Winter zwischen den Krähen im Dung der Wiesen kauern! Kaum ein Singvogel wagt sich mehr auf unsere Terrasse. Irgendwann in den zwanzig Jahren unseres Hierseins hat der Spuk begonnen. Während ich dies schreibe, hocken – wie bei Hitchcock – vier schwarze Riesenvögel auf dem Telephondraht vor dem Fenster, schreien und verschatten den heiter-kalten Horizont.

12. Dezember

Da sitzt eine Frau beim Psychologen der »Familienberatung«, sitzt dort zum erstenmal und sagt: »Ich weiß nicht mehr weiter! Ich habe ein Kind nicht adoptiert, um es zu zerstören. Vielleicht ließe sich auch vermeiden, daß dieses Kind UNS zerstört.«

Die Frau bin ich.

Der Psychologe notiert Stichworte in sein Notizbuch. Nach der zweiten Sitzung sagt er: »Und Sie meinen wirklich, das sei noch heilbar?«

Ich meine nichts. Ich leide. Das Kind leidet auch. Vielleicht heilt die Zeit. Vielleicht leidet die Zeit auch. Wer schenkt mir einen frühlingshaften Strauß?

14. Dezember

»Zeit – das sagt mir nichts. Das ist einfach etwas, das kommt und geht.« Das sagte Jung-A, als ich ihr erzählte, ich schriebe ein Buch über die Zeit.

Auf meinem Nachttisch stapelt sich Literatur über das Alter. »Die heutigen Älteren sind KEINE RANDGRUPPE. Über zwölf Millionen Mitbürgerinnen und Mitbürger in der Bundesrepublik sind über sechzig Jahre und älter.« Ein Zitat aus Gerhard Brauns Buch mit dem vielversprechenden Titel: »Das Alter hat Zukunft«. Trifft dieser Titel zu oder spiegelt sich darin die Heuchelei der Gesellschaft? In unserer Nachbarschaft leben viele Frauen über sechzig, allein, oft mit lächerlichen Renten und kaputten Familienbindungen. Dann bleibt der Fernseher als letzter Freund.

Daß es auch anders sein kann, dafür ist meine Mutter das beste Beispiel. Ihr 82. Lebensjahr wird sie ein »gutes« nennen. Auch die beiden »alten Damen« im Gartenhaus nebenan, frühere Gewerbelehrerinnen, scheinen ihr Altersdasein mit großem Genuß zu gestalten. Bescheidenheit im Alltag, dafür zweimal im Jahr eine große Reise, Weihnachtsengel und Sterne selbst gebastelt, das Miniaturgärtchen vollgestopft mit Frühlingszwiebeln und Wurzelkobolden. Fortbewegungsmittel ist das Fahrrad, trotz einer Beinamputation bei G. »Manchmal tut der Stumpf weh, oder die Prothese reibt«, das ist alles, was G. dazu anmerkt. Mir fällt auf, daß Menschen meines

Alters, die durch eine lebensbedrohliche Krankheit hindurchgegangen sind - Herzinfarkt, Krebsoperation – hinterher ausgeglichener und heiterer ihr Leben annehmen als die, die sich, wie ich, mit den alltäglichen kleinen Lästigkeiten des Alterns herumschlagen. Und irgendwie darauf warten, »daß es endlich kracht«.

Als würde sich in Körper und Seele ganz leise eine Trauer einnisten, empfinde ich das Altern. Schon der leiseste Gedächtnisausfall macht mich unruhig. Dabei hatte Julian, und er ähnelt damit meinem Vater, noch nie ein Namensgedächtnis. Gehen auf vereisten Stufen, Gehen überhaupt muß jeden Morgen neu eingeübt werden. Längst keine Selbstverständlichkeit mehr. Auch Julian »spürt seine Beine«. Manchmal denke ich darüber nach, wie sich das Riedernhaus umrüsten ließe für Rollstuhlfahrer. Rampen statt Stufen, alle Schwellen entfernt, die Griffhöhe gesenkt wie für Kinder. Kein fröhlicher Gedanke!

15. Dezember

Noch eine Woche, dann werden Mama und ich unser geheimes, gemeinsames Fest feiern: Den kürzesten Tag und die allmähliche Rückkehr des Lichts! Daß der Himmel wolkenlos ist und es der Sonne erlaubt, für ein paar Stunden wenigstens daran zu erinnern, DASS SIE IST, erscheint mir als Geschenk. Auch dem Spatzenvolk im Garten.

Auf meinem Nachttisch liegt ein wunderschönes Buch, Geschenk einer blumennärrischen Freundin, die vor einem Jahr gestorben ist – an Krebs. »Die Gärten Chinas«. Oft blättere ich darin wie in einem I-GING. Am Morgen vor allem, während der einzigen ruhigen Lesestunde des Tages, wenn ich, kaffeetrinkend und ganz mit mir versöhnt, die wechselnden Sonnenaufgänge beobachte. Dann freue ich mich über den Gartenentwurf des »törichten Politikers« und über die Weisheit des Kaisers Chenglung, der die Forderung aufgestellt hat: »Jeder Herrscher muß einen Garten haben, in welchem er müßig schlendern kann, sich umsehen und Ruhe für Herz und Gedanken finden. Hat er einen brauchbaren Platz dafür, so wird er sein Selbst erfrischen und seine Gefühle regulieren.«

Nicht nur der Herrscher bräuchte ein Stückchen Natur, in dem er seine Seele spazierenführen darf; jedem Menschen wäre das zu wünschen. Doch in unserer Gegenwart, der Zeit der Umsiedler und Übersiedler und Asylanten, all der Tausenden, die hereindrängen, ist schon ein Bett in der Turnhalle ein Traum. Wer spricht von Gärten?

Schrebergartenbesitzer werden gebeten, ihr Häuschen vorübergehend als Wohnraum zur Verfügung zu stellen. Die Zeitungen quellen über von Anzeigen Wohnungssuchender. Gestern las ich dies in unserer Heimatpostille: »Bin KEIN DDR'ler, sondern ein Oberbayer und habe somit auch wenig Chancen, eine Zweizimmerwohnung...« Gleich unter dieser Anzeige haben die Republikaner, Kreisverband Miesbach, ihre Anwesenheit im Voralpenland kundgetan. Zusammenhänge? Gewiß.

Zu Beginn des 7. Jahrhunderts wurde in Peking der »Westgarten« angelegt. »Eine Million Arbeiter erbauten innerhalb des Parks sechzehn Wohnhöfe, schufen Hügel mit Felsen und fünf Seen und vier Meeren. Alle Landesteile sollten Blumen liefern. Von der Provinz Yizhou kamen zwanzig Kästen Päonien; ›Hergeflogenes Mauve‹ hieß eine der Sorten...!«

Mit ihrer Bau- und Gartenwut haben die chinesischen Kaiser ihr Volk auch immer wieder ruiniert – man weiß es. Auch der Auftraggeber des »Westgartens« wurde schließlich gestürzt; die Sui-Dynastie fand ihr Ende. Das geschieht, wenn Gärten nicht Lebensraum sein dürfen für alle. Wie selten sind sie es. Die steinernen Parkanlagen der Städte mit ihren in Reih und Glied, wie Soldaten gepflanzten Stiefmütterchen und Tulpen, das mögen Zeichen guten Willens sein; Gärten sind es nicht. Da verliert sich kein Traum; da pinkeln höchstens die Hunde.

Was für André Malraux sein berühmt gewordenes »Musée Imaginaire« war, sind für mich die »jardins imaginaires«. Ich träume mir Landschaften, Pflanzengruppen, Wasser und Vögel zusammen zum Bild. Und da ist – wie bei den Gärten Chinas – immer auch die kosmische Dimension.

Als ein Mensch im Sterben lag, den ich liebte, schickte ihm Hans Urs von Balthasar eine Karte mit der »Großen Brücke im Regen« – Brücke des »Sich-Verhüllens«, Hinüber-Gehens, »Brücke« trotzdem.

Heute steht auf meinem Schreibtisch das Bild von der »Großen Brücke im Schnee«; so hingetupft sind die Flocken, daß man meint, schon der kleine Finger könnte sie beiseite wischen. Auch diese Karte ist der Gruß eines, der mir viel bedeutet; die »Brücke« ist unsere gemeinsame Chiffre. Einmal jedoch lautete der Gruß: »Ich brauche keine Brücke zwischen Dir und mir. Ich bin längst darübergegangen.«

Draußen beißt sich der Winterfrost fest. Eine Nachbarin schickt mir einen Azaleenstock – »hergeflogenes Mauve«. Nadel um Nadel bricht der Reif aus der Lärche; der Boden färbt sich rostig. Schneereste krümeln sich in den Sträuchern. Ich muß die Vögel füttern.

»Doch einmal, ach, sind Lied und Tanz zu Ende
Und in der bunten Wolken Glanz verweht's.« (Li Bo)

Frage mich nicht, Freund, was Garten und Altern miteinander zu tun haben. SIE HABEN.

16. Dezember

Meine einzige Leistung dieses Tages war – nach einer denkbar unerfreulichen Auseinandersetzung gestern –, Sohn Jung-Jae im Vorbeigehen einen Kuß gegeben zu haben. Wie erwachsen muß man werden, um verzeihen zu können? Ich fürchte – sehr!

Schon die Entschuldigung erfordert ein gehöriges Maß an Reife. Ich sinne dem Wort nach; es ist schön: Ent-schuldigen! Ich bin schuldig geworden, jetzt muß ich eine Geste, ein Wort finden, um wieder entlassen zu werden aus der Schuld. Diesem Vorgang wohnt auch etwas Versöhnendes und Reinigendes inne. Ent-Schulden! Ent-Schuldigen! Warum lernen wir das so spät? Oder nie?

Jung-A liegt mit einer schweren Grippe im Bett, der Hausarzt kommt, Halbjude sei er, erzählt er zum erstenmal. Den Judenstern habe der Vater getragen in einem bayrischen Nest, Armendoktor sei der Vater gewesen, unentbehrlich somit; wer kümmerte sich schon um die Armen im glorreichen Dritten Reich...?

Ich, töricht, gedankenlos, zünde die dritte Adventskerze an. Nicht die Kerzen des Siebenarmigen Leuchters.

Jung-A fiebert und hustet und weint.

Bald ist Weihnachten.

Mir ist es zuwider. Nicht wegen Bethlehem, sondern wegen all der materiellen Erwartungen, die an Weihnachten geknüpft sind. Das Fest stellt Ansprüche, die verstören. Schon lagern Päckchen und Pakete von Verwandten im Keller. »Man« dekoriert Adventskranz und Tannenbaum; »man« steckt Mistelzweige an die Haustür; »man« behängt das Tännchen im Vorgarten mit Elektroschnüren; »man« hört »O Tannenbaum« im Radio oder die Regensburger Domspatzen; »man« bestellt sein Weihnachtsmenü in Hamburg oder München; »man« läßt sich eine Gans zurücklegen beim Metzger; »man« füllt schließlich einige der den Bettelbriefen beigelegten Überweisungsformulare aus, denn schließlich will »man« doch nicht mit schlechtem Gewissen... wo doch die Geschichte in Fluß geraten ist, und die armen Polen hungern...

Die Äthiopier vielleicht auch; so genau weiß man das nie, wo das hingeht und unter die Armen verteilt wird, was das schlechte Gewissen des Wohlstands spendete.

Vor zwei Jahren haben Julian und ich einmal einen Ausbruchsversuch gewagt aus den Weihnachtspflichten; Christbaum, Orangenente und Kinder überließen wir Rufus, verkrochen uns in ein Hotel in Niederbayern. Aus dessen Lautsprechern wiederum... »Stille Nacht...«; wir entgingen ihr nicht, der lärmenden Stille.

Abendessen mit H., einem alten Freund, Jesuit auch er. Natürlich ist El Salvador das zentrale Thema. Die Mechanismen der Macht und des Machtmißbrauchs, all das, was jetzt im Osten gerade aufbricht mit einer disziplinierten Heftigkeit sondergleichen. Wann wird das Kartenhaus des Westens zusammenbrechen? Gezinkte Karten, auch hier. Bereicherung, Verarmung – das Wechselspiel, das die Kontinente auseinandertreibt. »Afrika, die alte Vettel...«, las ich gestern in einem Bericht; »Lateinamerika, die Kokainhure...« und »Asien, die Menschenverachtung pur...«

ICH bleibe ihr treu, meiner ersten, leidenschaftlichen Liebe: der alten Vettel, der Kokainhure, dem menschenverachtenden Asien...! H. lacht. »Du bist unverbesserlich, Gott sei Dank!« H. ist auch unverbesserlich. Zwei Tage später hat er bereits die Verbindung mit unangepaßten Ordensleuten in Ungarn hergestellt. Die »connection«, weltweit, funktioniert. Codeworte, Namen, gegenseitige Verpflichtungen! Aus DIESEM Netz kann mich keine Altersgrenze und kein Computer werfen. Auf dem Schreibtisch stapeln sich Weihnachtsgrüße von überallher. Wir haben versucht, wenigstens mit zwei Rundbriefen zu antworten; 54 Briefe auf deutsch, 48 auf französisch, 22 auf englisch, 12 auf spanisch.

In dramatischen Wirbeln verändert sich im Augenblick das Antlitz der Erde, und ich – träume Kochrezepte! Diese Nacht habe ich einen riesigen Napfkuchen gebacken. Ich kann gar nicht backen. Das Weihnachtsgebäck erledigt Jung-A mit einer Freundin, während ich durch Nebel und Schneerieseln zu einer Konferenz nach Frankfurt fliege. Drei Stunden Lagebesprechung, neun Stunden unterwegs. Das Redaktionsteam ist erschöpft; vier Mitarbeiter sind gegangen in diesem Jahr. Der Arbeitsdruck war zu groß. Ein wenig Entmutigung über das Wiederaufleben und Erstarken vorkonziliarer Denk- und Handlungsweisen in der Kirche mag dabei mitgespielt haben.

Während ich ein Glas Rotwein erbitte auf dem Heimflug, LH 276 nach München, und heute einmal die Rolle nicht ausfüllen möchte, eine arrogante business-woman zu sein zwischen arroganten business-men, denke ich: ADVENT!

Das Wort fällt ins Leere.

»Unmöglich das Geschwätz des Missionars heute abend in der Pfarrei. Er muß seine Predigt vor vierzig Jahren geschrieben haben. Nicht EIN Satz von dem, was in der Welt vorgeht. Geistliches Blabla! Ich habe mich geschämt vor den Kindern, die wegen der Abendmesse auf ihre Pizza-Einladung verzichten mußten.«

Julian ist empört. Er hat heute kirchliche Praxis erlebt, ich die Theorie. Und wie so oft wächst aus unseren Erfahrungen die gleiche bekümmerte Sorge. »Die Kirche verstößt ihre Kinder mit solchem Gewäsch«, wütet Julian. Und hätte Jung-Jae und Jung-A viel lieber eine Pizza spendiert. Um Mitternacht noch reden wir beiden Alten über die Veränderungen im Ostblock, die von der Westkirche wieder verschlafen werden. Was bekam ich doch kürzlich zu hören von einem Frommen: »Der Polenpapst hat die ganzen, unblutigen Revolutionen angestoßen.« Ach so!

Die Kinder schlafen, gesättigt von einem endlosen Spionagefilm und IHREN Ängsten des Tages. Jung-A, seit einer Woche mit Grippe und neu verliebt, vergräbt ihr Gesicht im Fell von Tashi, der weißen Hündin.

Wohin vergrabe ICH mein verstörtes Christengesicht? Und Julian?

Dies war ein Fernsehadvent. Weltumbruch live! Ich habe meine Journalistenkollegen bewundert. Da sein, Zeitzeuge sein und das Zeugnis weitergeben in plötzlich ganz neuen, auch technisch neuen Zusammenhängen, den bisher mißtrauten Fremden als Bruder erkennen, auf einmal dürfen, was so lange verboten gewesen war und noch immer das Mikrofon festhalten im Chaos des Glücks. Sekt – nicht Bier – trinkt das »Proletariat«. Rumänien zuletzt – Morden! Die Blutspur der Kinder von Bethlehem! In den Gottesdiensten drängt sich die Kommunistenriege. »Verrückt«, sagt Julian.

Christmette in der schönen Barockkirche am Tegernsee. Die perfekte Show: Es werde Licht! Tausend Kerzenflammen umhüllen schließlich den Altar. Maria und Josef, Kindgestalten aus dem Bilderbuch, tragen das Christkind durch den Mittelgang zur Krippe. Da liegt es und glotzt aus blauen Puppenaugen. Ein Schwarm von Ministranten ordnet sich im Chorraum. Vom Licht spricht Hochwürden. Der Pfarrchor singt: »Macht hoch die Tür, die Tor macht weit…« Und nichts, nicht der Schatten einer Anspielung auf die Vorgänge der letzten Monate! Kein Leipzig, kein Brandenburger Tor, keine CSSR, keine Flüchtlinge und Übersiedler, kein Blutbad in Rumänien!

»Macht hoch die Tür…!« In der Christmette hat die Politik, hat die gelebte und erlittene Wirklichkeit von Millionen Menschen nichts zu suchen. Ich frage mich, wie der luftleere Raum wohl aussehen könnte, in den der »Herr der Herrlichkeit« eintritt. »Ein Heiland aller Welt zugleich…« Nur die Welt, die Welt bleibt draußen.

»Dieses abendländische Ritual ist zur Formalität erstarrt«, flüstere ich Julian ins Ohr, »wo bleibt die schöpferische Improvisation? Wo die Geistesgabe, das Jeweils-Jetzige hineinzuweben in die Ewigkeiten Gottes?«

In den Abendnachrichten haben wir gesehen, wie in der Märtyrerstadt Temesvar ein Christbäumlein aufgestellt wurde, das erste seit 45 Jahren. Es war nicht mit Lametta geschmückt, sondern mit schwarzen Schleifen.

Wo ist – in dieser bayrischen Christnacht – das trauertragende Bäumchen? Noch immer wird gemordet in Bukarest…! Haben wir, im Westen, neben dem Zeugnisgeben auch das Zeichengeben verlernt?

»Diese Kirche grenzt sich aus«, bemerkt Julian zornig. Jetzt – um ein Uhr nachts – will er einen Whisky, groß!

Ich denke an die eingestürzte Mauer, zerschmettert durch die Trompeten von Jericho: Wir sind das Volk! Ich denke an die Bemerkung eines befreundeten Jesuiten: »So, und jetzt marschieren wir alle vor den Vatikan und skandieren: Wir sind Gottes Volk!«

Warum tun wir es nicht?

Ich denke an eine Antwort unseres Gemeindepfarrers, den ich kürzlich gebeten hatte, doch die Ereignisse der Weltgeschichte ein wenig mit hineinzunehmen in die Sonntagsmesse. Er sagte, der gute Mann: »Aber das geht doch wirklich nicht! Die Messe, das ist Gottes Wort, das verkündet werden muß! Höchstens vielleicht in den Fürbitten ...!«

Und ich war der törichten Meinung gewesen, Gott spräche durch die Propheten und die Völker! Was ist das Alte Testament denn anderes als die immer wieder neu inszenierte Geschichte der Menschheit – Knechtschaft und Befreiung?

In der Weihnachtsnacht muß ich schließlich über meiner Empörung an der Schulter von Julian eingeschlafen sein. Jung-A nämlich, die das Frühstück brachte, lachte vergnügt: »Bei euch beiden weiß man ja gar nicht, WER WAS ist! Und wo, bitteschön, soll ich den Kaffee hinstellen?«

27. Dezember

Stühle altern; der Bezug wird fadenscheinig. Teppiche altern; das Alter gibt ihnen Wert, wenigstens für eine Weile. Die Kelims, die ich von meiner Großmutter geerbt hatte, waren längst wertlos geworden; eifrige Hausgehilfinnen hatten sie zu Tode gesaugt. Geschirr altert mit kühler Würde; irgendwann bricht es, fällt jäh in Scherben. Die Erde altert; nach zehn Jahren brauchen Rosen frischen Boden. Der alte ist undüngbar geworden. Ideologien altern mit der Zähigkeit von Lustgreisen; immer ist da noch ein Po, der betatscht werden muß. Unrühmlich starb der Tyrann; nichts hat er gewußt und nichts wissen wollen. Dennoch – ein grauenhaftes Fest der Fernsehanstalten! Diesmal weinte keiner. Daß zum Volkstribun auch der Nippesgeschmack gehört, die vergoldeten Wasserhähne – wen überrascht das?

Die Kirche altert; auch die Jungen Kirchen altern bereits und richten sich ein. Wir brauchen keine Jungen Kirchen; die alten sind gut genug bis in alle Ewigkeit! Brasilien ins Stammbuch geschrieben!

Ich möchte altern dürfen wie ein Baum. Jahresringe ansammeln unter der Haut, im Gezweig Vogel und Stern, Jahreszeiten, die die Rinde kerben, Wurzelgeflecht weithin, das Riedernhaus sanft untergrabend auf der Suche nach Quellen. Auch das Knorrige darf sein, ein Insektenbefall und der Schwarm der Eichelhäher, die die Samen abpicken. Und dann, die starken Armäste weit ausgestreckt – ein Sturm, ein Blitzschlag, dann die Stille, ehe die Kreissägen kommen.

Alte Bäume habe ich immer geliebt.

Heute morgen flog ein so selten gewordener Zug Wildgänse über das Haus. Die Vögel trieben kleine Signaltöne vor sich her, als wollten sie warnen. Für ein paar Augenblicke unterwarf sich der Himmel wieder den kosmischen Gesetzen; die Wolkensäume brannten.

Eigentlich wohnen wir in der Durchflugsschneise von Tieffliegern.

Diese Nacht träumte ich, ich hätte einen unsympathischen blonden jungen Mann wütend angefallen, geschlagen, zerkratzt und schließlich mit einem Messer verstümmelt. Fassungslos entließ mich der Traum. ICH HABE GETÖTET! Der Junge hatte sich nicht gewehrt. Das war der entsetzlichste Eindruck dieses Traums.

Sohn Jung-Jae ist nicht blond, dennoch...! Über dem Weihnachtsurlaub ist unsere »Familientherapie« völlig eingeschlafen. Ich muß anrufen (was muß ich nicht alles ständig anrufen!). Gestern abend erklärte Jung-Jae, der schlechte Noten hat und deshalb sein geliebtes Tischtennis eingeschränkt bekam: »Ihr seid beide Absolutisten, Papa und du!«

Bitte, was?

»Absolutisten seid ihr! Wir haben das heute in der Schule gelernt; Friedrich II. und so...!«

Absolutistisch wie wir sind, lachen wir. Der Sohn kommt gerade von einer Woche Skifahren zurück. Jetzt müßte er sich anstrengen in der Schule, das ist es. Nicht mehr.

Die kürzesten Tage des Jahres, ein makelloser Himmel, kurz und golden besonnt, lang und klar bestirnt. Viel Nacht, unruhiger Schlaf; noch während die Sonne untergeht, klettert im Osten ein satter Mond herauf. Waschi beginnt wieder zu streunen, seine »Mondphase«; ich muß ihn holen, oft zehn, fünfzehn Kilometer entfernt. Überall dort, wo er in seinem 13jährigen Himalaya-Hundeleben irgendwann einmal die Fährte einer läufigen Freundin erwittert hat. Ein Wunder, daß Waschi noch lebt.

Vorträge muß ich vorbereiten und Filmreisen; die Beine schmerzen, der Gaumen ist voller Bläschen; niemand im Haus merkt, daß ich schon lange kein Fleisch mehr esse. Ohne jede Ideologie! Es bleibt mir einfach im Hals stecken.

29. Dezember

Caro viso – liebes Gesicht, nannte Maria Theresia ihren Verlobten, Franz Stephan. Sie war einfach entschlossen, ihn zu lieben – ein Leben lang. Heute morgen habe ich es Julian erzählt. Habe sein Gesicht angestaunt mit der Zärtlichkeit des Älterwerdens, MEIN »caro viso«, so vertraut von weither. Vor 26 Jahren bin ich Julian in Dünkirchen zum erstenmal begegnet. Jung-A meint, ich hätte mich in seine Seefahreraugen verliebt. »Kein übler Grund«, kommentierte Freundin Silvia, als ich es ihr am Telephon berichtete. »Julian hat die schönsten blauen Augen der Welt.«

Und Vormittagsdienst und Nachtdienst und Zweimal-Dienst mit ein paar kaum nutzbaren Stunden dazwischen; mehr als ich trösten ihn die Hunde in seiner Müdigkeit.

Wir leben zwei Leben mit ganz verschiedenen Rhythmen; erst der Abend führt uns zusammen; »Ehen sind Gespräche«; kluger Geheimrat Goethe!

Und so neigt sich das Jahr mit bleichem Winterhorizont. Was habe ich geleistet, was versäumt, wo nur unwillig geliebt, wo zu sehr getrauert? Jahresübersicht!

Gestern hat Julian den großen Kalender vergangener Tage abgenommen und das kommende Jahr neben unsere Betten gehängt. Vorausblick? Rückblick? Plötzlich hatte ich Angst vor den Unerbittlichkeiten der Zeit.

K. zum Abendessen. Seit ich denken kann, lebt sie allein. Vor einem Vierteljahrhundert einmal haben wir den gleichen Mann geliebt. »Der Prinz und die Tänzerin...«, der »Prinz und die Studentin der Germanistik...«; der Prinz ist tot; er gehört keiner; er hat sich entzogen.

Heute hat K. Julian ein besonderes Geschenk mitgebracht: eine vom Kriegsfeuer angesengte, kleine, zärtliche Nepomukfigur aus der Münchner Asamkirche. Mitten im Schutt war K. damals auf ein Brettchen getreten; auf der Rückseite des Holzes – die Schnitzerei! »Wem sonst als Julian hätte ich sie geben sollen?« fragt K. Schweigen. Auch hier geht eine Nachkriegszeit zu Ende. Julian, der Franzose aus Dünkirchen erbt eine winzige, zarte Nepomukschnitzerei der Asam – schön!

In Jung-Jaes Zimmer lärmen die Freunde; Chili-con-Carne hat der Sohn für sie gekocht mit allen Ängsten eines, dem schon das Frühstücksei zu mißlingen droht. »Für jeden ein Bier, das er sich mixen kann; sonst kein Alkohol«, war meine einzige Bedingung für diese »Party« gewesen.

Gegen zehn Uhr bringen wir K. nach Hause. Der Tegernsee ist still wie selten, Lichtsterne an den Masten, verträumtes Vogelgetier. Ein Glas Wein bei Freunden, Gospelsongs zur Gitarre, Tschisus and Freedom, seit ein paar Wochen gefüllt mit neuen Inhalten, Gottesgeschenk, Völkergeschenk! Das so ausgeblasene Wort »Inbrunst« fällt mir ein, während ich mitsumme.

Gegen Mitternacht werde ich unruhig: acht Jugendliche im Haus, alle beladen mit Knallkörpern und der Erwartung, endlich alt genug zu sein für Freundinnen, Kino, Frechheiten und Führerschein – das kann nicht gutgehen! – Das konnte nicht gutgehen!

Im Licht des Autoscheinwerfers bietet sich Julian und mir ein bizarres Bild. Vor dem Daxlerhof haben sich die Jungen postiert und verknallen in die Luft, was nur knallen mag. Direkt neben der brüchigen Holzwerkstatt des Hofes, die jeden Augenblick in Flammen aufgehen könnte. Vergeblich hat der Daxler-Bauer versucht, die Kinder ein wenig die Straße hinunterzutreiben zum Fahrdamm; die Kühe im Stall nämlich steigen und drohen auszubrechen. Den Kindern ist das egal: »Silvester ist nur einmal im Jahr; von den blöden Alten lassen wir uns doch den Spaß nicht verderben!«

Im Augenblick unserer Rückkehr steht das Lieserl, mit absurd phosphoreszierenden, roten Kniestrümpfen angetan, inmitten der Bande und brüllt deftige Verwünschungen auf sie herunter. Woraufhin die Sohnes-Freunde, leicht angetrunken, die Daxlerin mit wieselnden Knallerbsen bewerfen. Längst haben sich Katzen und Nachbarn verzogen.

Etwas kleinlaut kommen die Kinder schließlich zurück ins Riedernhaus. Beichte, schlechtes Gewissen, Fehlverhalten, Rechtfertigung, Aggression, Beschämung, Angst: das neue Jahr beginnt schuppengenau am Schwanzende des alten.

Einmal mehr werden Julian und ich die zerrissenen Fäden der Nachbarschaftlichkeit zusammenknoten müssen.

1. Januar

Schlafen, Schlafen!

Ein Tag ohne Termine, ohne Ziel. Einmal will ich bedingungslos faul sein dürfen, traurig oder froh, will Kaffee trinken oder ein Glas Sekt, ohne mein Tun zu hinterfragen und ohne Gewissensbisse: »Wenn du Sekt trinkst, bist du verschwenderisch! Wenn du Fleisch ißt, bist du schuldig! Wenn du konsumierst, denkst du nicht an die Armut der anderen; wenn du nicht konsumierst, bricht die Wirtschaft zusammen. Wenn du träge im Bett liegst, wird der Herr dich strafen für deine Trägheit am ersten Tag des neuen Jahres; wenn du eiferst und tust und handelst, sind dein Tun und Handeln oft schädlicher als Nichtstun.« Quadratur des Kreises, in Asien zur Vollendung gebracht!

Ich trinke Sekt und lese in den schwülstigen Groschenromanen der Kinder; einmal, um mir ein Bild über ihren augenblicklichen Seelenzustand machen zu können, vermutlich aber auch, um das Jahr nicht gleich wieder mit Mahnern, Propheten und Asketen beginnen zu müssen. Wie wohltuend ist doch ein Text wie dieser:

»Ich finde es unheimlich toll, mit einem duften Typen zusammen verrückte Sachen anzustellen, zu kuscheln und zu schmusen. Sex, meinetwegen – das kann ganz schön sein. Für mich ist es wie Kaffeetrinken... usw. usw.« Mit Schmunzeln lese ich Julian ein paar Kostproben des augenblicklichen »Jugendstils« vor. Er ist nicht sehr erheitert, meint: »Sie reden ewig von Sex, die Jungen! Der Sex aber trocknet aus, weil die Liebe fehlt. Das ist doch der Trend. Möglichst viel ›Mache‹ investieren, möglichst wenig Gefühl. Vor ein paar Tagen – du warst in München – haben unsere Kinder beim Abendessen über Pille und Kondome diskutiert, mir war das irgendwie zuwider, denn das Wort ›Liebe‹ und ›Zuneigung‹ oder ›Kennenlernen‹, das kam in ihren Gesprächen nicht vor. Mir war, als redeten unsere beiden über die ›Verhütung der Liebe‹. Schließlich bemerkte Jung-Jae noch, eine Freundin würde er nie in unser Haus bringen. Hier stürbe sie vor Langeweile. Darauf sagte ich, für ihr Amüsement fühlte ich mich nicht verantwortlich. Das sei – einzig und allein – Sache ihrer eigenen Phantasie. Schließlich meinte Jung-A versöhnlich: ›Was können wir dafür, daß Mama und du im Mittelalter leben?‹ Da mußte ich lachen. Ich fragte: ›Was sind die großen, weltbewegenden Themen von heute? Natur, Brüderlichkeit, Achtung des anderen, Nächstenliebe, Hunger, Ausgrenzung, Asyl... Was, bitteschön, tut ihr beide dafür? Im Zimmer hocken, euch volldonnern mit Heavy Metal-Musik, Kartenspielen, Biertrinken, Rauchen...! So, und jetzt sagt mir einmal, wo die ›Grufties‹ sind? Mama sitzt gerade in einem Dritte-Welt-Café in München und erzählt etwas über die Philippinen...!«

Lachend bitte ich um ein zweites Glas Sekt. »Wir haben Kinder adoptiert, Liebster, keine Heiligen. Es ist nur normal, daß sie mit sich selbst beschäftigt sind.«

»Und von dem, was wir zu tun versuchen, färbt nichts ab?« Nein, nichts färbt ab. Im Gegenteil: wir Eltern haben lästige Farben! Mauve ist nicht »in«. Später vielleicht wieder. Irgendwann einmal. Wenn wir beiden Alten es nicht mehr erleben werden. Angeblich geht ja kein Samenkorn verloren, das einmal in den fruchtbaren Seelenboden eines Kindes gestreut worden ist. Jung-Jaes Samenkörner aus den ersten vier Jahren seines Lebens in Korea gehen offensichtlich gerade auf. Schmerzhaft, feindselig.

Unser Gespräch über die Kinder, wohl das tausendste, hat mir klargemacht, daß das neue Jahr das alte keineswegs abgelöst hat; da wurde nur das GLEICHE über eine unsichtbare Zeitschwelle gehoben.

Wie ich schließlich den Heftchenstoß von meinem Bett fege, weil die Oberflächlichkeit, mit der hier die Phantasie der Jugendlichen abgespeist wird, mir weh tut, bleibt ein Blatt zurück auf der Decke: ein Informationsheft einer eigenwilligen und engagierten Öko-

Gruppe. Oben rechts auf dem Deckblatt steht ein Zitat von Edmund Burke: »Niemand begeht einen größeren Fehler als jemand, der nichts tut, weil er nur wenig tun könnte.«

Zum Teufel mit den »Jahreslosungen«! Die meine ist, scheint es, soeben ausgegeben worden.

4. Januar

Weil wenig Schnee liegt, werden einmal mehr die Wiesen gedüngt. Nach jedem Spaziergang stinken die Hunde. Mit zunehmendem Alter hat Julians Geruchssinn nachgelassen, meiner dagegen ist empfindlicher geworden.

Der Jungmännergeruch von Jung-Jaes nie gelüftetem Zimmer! Die molligen Düfte der Bettgemeinschaft Jung-A und Tashi! Das verrauchte Wohnzimmer am Abend! Die geruchlosen Winterblumen! Selbst die Sonne ist ohne Geruch, die sonst so lasterhaft parfümierte!

Altersgerüche, so anders als die von Kindern. Ätzender! Säure! Nicht mehr der Windel-Honig-Geruch eines Kinderpopos. Bitteres hat sich angesammelt in den Poren der Alten, dünstet aus. Es riecht nicht nach Schweiß; es riecht nach abgestandenem Blumenwasser. Trotz aller Pflege – bis zum Abend hat sich die Körperausdünstung durchgesetzt! Wer um diese bittere Aura weiß, geht scheu damit um. Nähert den Mund nicht mehr zum Bruderkuß. Und die Liebenden, sie ertasten einander tief innen, im dunklen Parfum der Herbste.

Dennoch – ich möchte an Julians Brust atmen dürfen!

7. Januar

Dämmerschoppen mit E. und M. – und ihrer wundersam-schweren »love-story«. E., vielleicht ein Jahrzehnt jünger als ich, war nur kurz verheiratet. Die Ehe endete in einer Katastrophe. Die Tochter blieb der Mutter. Vorgestern hat die Tochter geheiratet. Zurück blieb E., eine, trotz aller Schicksalsschläge ungemein heitere, tapfer zupackende Frau; eine »patente Frau« würde man heute wohl sagen. Berufstätig, nebenberufstätig mit geschickten Händen und einem untadeligen Geschmack, alleinerziehend, gepflegt, hübsch in einer ganz selbstverständlichen, naturhaften Weise.

Vergangenes Jahr also traf E. auf M., den Nachbarn seit undenklichen Jahren. Ein Bierabend muß es gewesen sein, ein sommerlicher. Und Amor hing in den Girlanden…! Er zielte und traf; Pech für euch, denn das ist für immer!

Grand amore!

M. ist verheiratet; seit 18 Jahren betreut und versorgt er seine gebrechliche Frau. Was tun? Ménage à trois! Fairness, wo immer in einer solchen Dreierbeziehung Fairness möglich ist. Sind solche Situationen lebbar? Ich, einst selbst verstrickt in eine solche Dreierbeziehung, wage, es zu bezweifeln. EINER ist immer das Opfer; einer ist immer der Henker; einer ist immer der Verlassene; die Rollen wechseln von Stunde zu Stunde. Zuletzt ist JEDER Opfer, Henker und Verlassener zugleich.

Es wurde ein heiterer Abend.

11. Januar

Meine Beine bersten; alles tut weh am Morgen, schwillt an am Abend; Krampfadern wachsen wie Schlingpflanzen zwischen den Knochenbäumen, blühen unten aus zu violetten Disteln. Drei Monate habe ich auf diesen Arzttermin in einem der großen Krankenhäuser von München gewartet.

Jetzt gehe ich durch die Gänge wie durch ein fremdes, wüstes Land. Ohne Süße, ohne Geographie. Dutzende von Betten vor der Röntgenabteilung; in jedem Bett ein kretinöser, ruhiggestellter Rest von Mensch, siebzig Jahre Leben, achtzig Jahre, alles umsonst, das Erlittene, das Erhoffte, das Ertragene, das Gelernte – alles umsonst, die Gymnastik am Morgen, die Bürstenmassage, das Lifting, der Zahnersatz und die Tränen – alles umsonst! Der Tumor tickt, und die Schlange Tod windet sich lässig herunter aus dem Baum des Lebens, sie hat keine Eile; die Vergiftung ist längst geschehen. Jetzt zuckt das Opfer, und die Schlange Tod würgt ihre letzte Beute nach hinten in die Schwanznähe.

Bestürzt irre ich durch endlose Gänge. Wo will ich hin? Wo ist MEIN Abgrund in diesem Labyrinth?

Der »Abgrund« erweist sich als nüchterner Schalter, vor dem ein

Türke klagt: »Warum alle kommen vor mich? Warum ich immer warten? Ich haben Arbeit! Ich nicht können bleiben bis Mittag – oder so!«

Oder so!

»Privatpatientin, Frau Peitz! Ja, da wird sich wohl der Chef persönlich um Sie kümmern...«

Der Chef kümmert sich. Dreißig Sekunden lang. »Ziehen Sie die Strümpfe aus!« Kein diskretes Wegschauen der beiden Ärzte, während ich mich aus meinen Nylons quäle, die zudem noch schwarz und gemustert sind. Gehört das zur ärztlichen Routine, dieses lässige Zuschauen, wenn einer sich quält? »Ja, da können wir nichts tun! Durchblutungsstörungen – wahrscheinlich ein Fall für die Chirurgie. Wenden Sie sich an Professor M..., eine Kapazität.« Schon ist der Chef entrauscht, der Chef mit seinem harten Gesicht, das aussieht wie eine Registrierkasse, eine Honorarkasse. Als ich ihm die Hand reichen wollte vor der Untersuchung, übersah er sie. Patienten haben keine Hand. Kassenpatienten sowieso nicht.

Erschreckt, ernüchtert komme ich nach Hause. Julian sagt: »Laß es bleiben! Versuche, weniger zu rauchen. Man kann auch leben mit kaputten Beinen. Wie du siehst...!« Julian hat keine Beine; er hat Schlingpflanzen, oft operiert, jetzt nicht mehr operierbar. Die Schlingpflanzen tragen ihn, wie sie einen alten Tropenbaum tragen, der eigentlich schon längst zusammengebrochen sein müßte.

So kehren wir – einander tröstend – in den wachsenden Dschungel unserer Gebrechlichkeiten zurück.

Wer heilt? Was heilt?

Ich weiß es nicht.

Seit einer Woche vielleicht tauche ich – unerklärbar – auf aus drei Monaten der Finsternis. Das tägliche Kräftemessen der Kinder mit ihren Eltern und allem, was nach Autorität riecht, verletzt mich nicht mehr so sehr wie früher. Habe ich mich freigelebt, freigeschrieben? Haben die Kinder ein wenig Kameradschaftlichkeit (selbst mit dem Gegner) dazugelernt? Haben wir beide uns, Julian und ich, aus dem Druck des Alltags befreit – Distanz gewonnen? Ich habe keine Erklärung.

Wenn ich am Morgen mein »Gesicht in Ordnung bringe«, kommt das Gesicht mir entgegen. Das ist neu. Wir lächeln uns zu; die Falten bleiben, doch da ist ein wenig mehr Wärme unter der Haut.

Nicht nur der Spiegel enthüllt ein Dasein-Dürfen; auch die Kinder enthüllen es; wenn ich Abendessen koche, kommen sie, sitzen auf ihren Hockern wie Jagdfalken, fragen nach dem Menü und erzählen... reden...! Endlich reden die Kinder!

13. Januar

Berlin-Tage, zum erstenmal seit 18 Jahren. Damals habe ich eine Riesensendereihe für den SFB gemacht: »Weltreligionen« – sechsmal 90 Minuten. Dokumentarteile, gesammelt überall in Deutschland, Studio mit jeweils zwei Vertretern der Großen Religionen plus Kommunismus; Krach und Explosion während der Pressekonferenz, weil die Asiaten nicht gewohnt waren, westlichen Medien »ihr Gesicht« preiszugeben, Dom Helder und Professor Gollwitzer als Helfer und Freunde der auf fünfundfünfzig Kilo abgemagerten und total spiritualisierten Moderatorin. Ein Jahr Leben in Klausur, am Wannsee, sieben Doktorarbeiten über Weltreligionen, Fernsehmarathon, mörderisch. Das zur Winzigkeit geschrumpfte Wesen M. P. schluchzend an der Schulter des Israeli. Dann Schweigen, Untergang eines großen Entwurfs, der zu früh gekommen war. Der Mutige, der diese Sendereihe gewagt hatte vor der Zeit – er starb wenig später an Krebs. »Weltreligionen« – das sollte sein Vermächtnis sein; niemand hat es gehütet.

Berlin also – Schöneberg! Eine Schule; Gespräche zwischen Ost und West, still. Vierzig Menschen vielleicht, Menschen guten Willens von beiden Seiten. Menschen, bereit, sich einzubringen. Christen! Vorbelastete ihres Glaubens an den Herrn der Geschichte. Darum ging es wohl, das war der Grundton; doch es ging vor allem um die kleinen Schritte für morgen. »Wie Leben möglich machen in der DDR; wie Sinn einbringen in die Veränderung der Gesellschaft? Welche Botschaft? Welche Hoffnung? Welche Wirklichkeit für Ost und West?«

Wir fühlen uns wie in einem Aquarium, das auch ein Löwenkäfig oder eine Voliere sein könnte. Schwimmen wir? Fliegen wir? Beißen wir? Wir wissen es nicht. Der Raum um uns ist zugleich unendliche Utopie und haarnetzfeiner Käfig. Noch kennen wir sie nicht, die Möglichkeiten der Freiheit. Die Pflichten der Mitverantwortung.

Eine Stunde NULL!

Auch die Übergänge am Brandenburger Tor haben noch etwas

vom Weihrauch eines geschichtsträchtigen Augenblicks! Hunderte wollen hinüber an diesem eisigen Sonntagnachmittag; Hunderte wollen herüber. Stille! Ordnung! Kein Sich-Vordrängen, kein Sich-Wichtigmachen, ganz so, als wüßte das Volk, daß die Wichtigtuerei ausgedient hat seit langem, daß jetzt cash bezahlt werden muß, nicht mit Ost- oder Westmark, sondern in Menschengewissen. DAS ist die Währung, nichts anderes gilt mehr.

Hinter dem Brandenburger Tor, wo allein das Hämmern der »Mauerspechte« zu hören ist, kaufe ich einem Kind zwei Mauersteine ab, graffitibesprüht. Rot-blau der eine Stein, grün-gelb und blinkend der andere. Zehn Mark – Westgeld! Die DDR-Kinder frieren und blinzeln; jetzt endlich können sie kleine Profite schlagen aus 40 Jahren Demütigung. Das ist ihr gutes Recht. Wie ich durch ein Mauerloch krieche, einfach um des Gefühls willen, hier durchkriechen zu können, halten zwei Polizisten mich an. »Der Übergang, gnädige Frau, ist zweihundert Meter weiter. Am Brandenburger Tor!« Und, eingesargt im Todesstreifen, der Hitlerbunker – ein Hügel NICHTS!

14. Januar

Ich träume von Lesezeit.

Nicht erst seit Weihnachten stapeln sich auf meinem Nachttisch die Bücher. Ein Sammelsurium aus Zufall, Pflichtlektüre und gutgemeinten Irrtümern der Freunde. Bücher über das Papsttum, zum Beispiel, langweilen mich. Die klassischen Hörspiele von Alfred Andersch lese ich, um ihre Dramaturgie zu studieren. Horst Krügers »Tiefer deutscher Traum« ist ein »Muß« in diesem Geschichtsaugenblick, der mir bewußtgemacht hat, wie sehr auch ich die Teilung unseres Landes »verdrängt« habe. Weiße Flecken Osteuropa!

Auszüge aus »La Citadelle« von Saint-Exupéry! Als ich jünger war, habe ich dieses wohl erste New-Age-Buch leidenschaftlich abgehört auf seine Töne. Später, in Chile, bin ich Exupérys »Nachtflug« nachgezogen. Bilder von Wüste und Menschennot. Heute will sich mir die hintergründige Weisheit des »Kleinen Prinzen« nicht mehr so recht erschließen. Bin ich endgültig aus der Kindheit gefallen oder noch nicht zurückgekehrt in die zweite Kindheit?

Da liegt noch, neu aufgelegt, Guardinis Vorlesungsreihe über

Dostojewski. Wie lange ist es her, daß ich Guardini in der Münchner Universität diese Vorträge halten hörte! Jetzt muß ich zuerst Dostojewski wiederlesen, ehe ich Guardini lesen kann.

»Wo, bitte, liegt Nirwana?« Die amüsante Reisebeschreibung des Globetrotters John Krich ist im Augenblick meine Nachtlektüre. Kluge Anmerkungen zuweilen. Diese etwa, die Menschen in den Entwicklungsländern betreffend: »Wenn es um Macht ging, dann waren sie uns auf Gnade und Ungnade ausgeliefert; wenn es um die Wahrheit ging, waren wir ihnen ausgeliefert.« Selten ist das Nord-Süd-Dilemma auf eine so knappe Formel gebracht worden. Den Christenmissionaren allerdings wird sie mißfallen.

Vorbereitung auf den nächsten Vortrag: »Jean Ziegler – Unterdrückung und kultureller Widerstand«; Vorbereitung auf unseren Film über den Indianer-Missionsrat in Brasilien; ein Buch über den österreichischen Bischof von Xingu, Dom Erwin Kräutler, der letztes Jahr knapp einem Attentat entronnen ist.

Zwischen diese Bücher eingestreut die geschmäcklerischen Eintagsfliegen, Listen-Bestseller, »Salz auf unserer Haut« und »Parfum« und und... Die Titel sprechen für sich.

Was will ich wirklich lesen?

Bücher über das Woher und Wohin der Menschengeschichte, denke ich. »Die letzten Reiter«, ein längst vergriffenes Buch über die Steppenvölker; ein Buch über das ölreiche, feudalistische Baku der zwanziger Jahre; alle Konflikte von heute sind damals schon vorprogrammiert. »Geschichte der Kreuzzüge«, das ewige Tauziehen der Völker rings um das Mittelmeer. »Jerusalem«, »Allah ist mit den Mächtigen« – Herr, schenk mir tausend Lesestunden, um EINE Stunde Völkerpilgerschaft zu begreifen. Inmitten all der Kriege nämlich PILGERT das Volk. Pilgert wie einst die Stämme Israels...! Pilgert, wie Kambodscha, wie Peru, seiner Auslöschung entgegen. Und wenn es das Ende nicht sein soll, dann der Verkauf in neue Gefangenschaft. Korea, Libanon, Dominikanische Republik –!

Ich habe ein Leben gebraucht, um zu begreifen, daß Völker wie Vogelzüge sind. Irgendwann kommt der Augenblick, wo sie aufbrechen und ihrem Instinkt folgen, unbeirrbar, selbst auf die Gefahr hin, im nächsten Schneesturm zu verenden. Überall lauert Gefahr, lauert Verrat. Schnell, zu schnell verwandelt sich ein starkes »Wir sind DAS Volk« zum spekulativen »Wir sind EIN Volk«.

Was hat Lesen zu tun mit Älterwerden?

Viel, meine ich. Es hilft beim Einbringen der Ernte. Der ureigenen; für andere ist sie nicht gedacht und nicht tauglich.

Und wenn schließlich alles eingebracht ist an Erfahrung, Einsicht und Wissen, wenn die Kornkammern voll sind und sich spielen und ausruhen ließe zwischen den Keltern – dann ertönt der unerbittliche Befehl: Tritt ab!

Noch mit vierundsechzig Jahren hat eine Freundin von mir begonnen, hebräisch zu lernen. Als ich sie nach dem Sinn eines solchen Kraftaktes fragte, lachte sie: »Türkisch kann ich auch. Vielleicht bringe ich es noch dazu, arabisch wenigstens lesen zu können. Weißt DU, Maui, welche Sprache Gott spricht? Ich habe nämlich vor, mich endlich ohne Theologen und Dolmetscher mit Ihm zu unterhalten. Und weißt du, was ich ihn fragen will? ›Herr Gottesknecht‹ – so will ich ihn ansprechen, ›Herr Gottesknecht, wenn es zutrifft, daß Du Deine Geschöpfe geliebt hast, warum hast Du sie auf so geheime, verworrene, widerspruchsvolle Art geliebt?‹«

16. Januar

Es schneit. Nach drei Wochen kahler, weißer Sonne. Unsere Himalaya-Hunde wittern Heimat. Ich fürchte mich vor dem Autofahren. Gottlob ist für ein paar Tage alles eingekauft. Hausmütterchen! Keiner wird hungern und frieren. Selbst das Daxler-Lieserl wird am Nachmittag mit einem »Amerikaner« zum Kaffee bedacht werden. Ich erinnere mich noch: Nach dem Krieg waren »Amerikaner« ein begehrtes und billiges Gebäck. Erst jetzt werde ich mir der Ironie des Namens bewußt.

Julian ist in seiner Klinik, die Kinder sind in der Schule; einer der seltenen stillen Morgen! Ich bin mit den Hunden ums Haus gelaufen, habe Handtücher und Bettwäsche gewechselt überall, die Teppiche auf die Terrasse getragen, um dem Lieserl ein wenig Arbeit abzunehmen; jetzt das Geschenk einer Stunde –

Gestern, in der Föhnwärme, haben unsere Spatzen »gesungen«. Ja, sie haben gesungen, nicht einmal unmelodisch. Heute keifen sie, schießen vor der Hecke ziellos hin und her. Der Winter holt uns ein. Wie Karotten oder rote Rüben möchte ich jetzt eingeschlagen sein in eine schützende Decke von Dung und an der Wurzelspitze heimlich weiße Bärte treiben, die zum Frühling wachsen.

Warum trage ich violette Farben, die ich nicht mag? Weil sie im Kleiderschrank hängen, sich irgendwann einer Mode hinzugefügt haben? Weil ich sparsam zu sein versuche und die ungeliebten Farben, die schlecht passenden Kleidungsstücke zu Hause auftrage? Unnötig, nach tieferen Gründen zu suchen. Ich TRAGE violett, den dicken Pullover, den fadgemusterten Rock, Lippenstift lila! Hausfrauengefühl – mäßige Zufriedenheit! Die Heizung funktioniert; es wird Würstchen mit Erbsenpüree geben zum Mittagessen; das Auto ist in der Werkstatt, kein Ausbruch möglich, verschneiter Vormittag, sechsundfünfzig Jahre Leben!

Heute nacht, auf der Rückfahrt von einem Besuch bei Freunden in München, sehr spät, bemerkte Julian: »Ich bin acht Jahre älter als du! Der Abend war wunderbar, voller Poesie; doch solche Abende, ich schaffe sie einfach nicht mehr!«

Zum erstenmal vielleicht sah ich, wie in einer Verspiegelung, das Altern meines Mannes. Den Anfang gezählter Tage. Er ging schlafen; ich schaute noch nach den Kindern, deckte Jung-As runden, nackten Po zu, öffnete das Fenster bei Jung-Jae, brachte die Hunde zu Bett, dann saß ich neben Julian, hütete es, das »liebe Gesicht«, das jetzt ganz vergraben war in den Kissenfalten, und wußte nicht, ob ich fluchen sollte oder danken.

Unsere Sterblichkeit, Herr – hast du sie uns zugeteilt aus Gnade oder aus Hohn?

17. Januar

Was betet ein Christenmensch, der in der Alterspyramide auf der absteigenden Seite ist? Betet er überhaupt? Wehrt er sich nicht vor allem gegen den Abstieg? Versucht, sich jugendlich, lässig zu geben, auch seinem Gott gegenüber? So etwa: Fordere mich noch nicht ein! Da sind Ältere; sie haben ein längeres Leben gelebt! Ich kann einfach noch nicht Rechenschaft ablegen über 56 Jahre Gewinn oder Verlust; noch bin ich mittendrin mit zwei viel zu jungen Kindern und meinem Mitverantwortungsgefühl für die uralte »Neue Welt«. Noch darf ich nicht ausschlafen und die Hände falten. Noch muß ich ihn abwehren, den Tod, weil zu viel Leben nach Leben verlangt.

Ausreden?

»Etwas gefällt mir nicht in Ihrer linken Brust, Frau Doktor! Das müssen wir noch einmal untersuchen...! Bitte kommen Sie noch einmal zur Mammographie!«

Tod in uns! Die Sterne grinsen. Seit Stunden machen Tiefflieger unsere kleine oberbayrische Erde zum Resonanzboden für einen immer noch möglichen Krieg. Jung-A ist verliebt; Jung-Jae wäre gern verliebt, doch die Liebe ist irgendwo hängengeblieben in seiner frühkindlichen Biographie.

Ich bete: »Vergib mir, denn ich bin noch lange nicht, die ich sein sollte – DEIN Entwurf Maui.«

18. Januar

Trotz der Minusgrade spricht das neue Jahr bereits vom Frühling. Das Licht steigt.

Gerade habe ich mit N. telephoniert, dem Freund vieler Jahre. In seiner Schwerhörigkeit verstand N. nicht, was ich sagen wollte. So redeten wir aneinander vorbei in bedrückend fremden Sprachen. Im Juni wird M. neunzig Jahre alt werden. Wird er neunzig Jahre alt werden? Schon längst hat er sich aus der Welt zurückgezogen, weise wie ein buddhistischer Mönch, der sein Irdisches geleistet hat und nun heraustreten darf aus der Zeit, ohne Beschämung. N., eine Mischung aus preußischem Gardeoffizier und asiatischem Weisen, empfängt mich nicht mehr. Keinen empfängt er mehr. Seine Frau ist um ihn; sie allein wird eingeweiht in den Verfall. Fast vierzig Jahre hat das Ehepaar kaum zusammengelebt; N. in Indien, sie und die vier Kinder in Europa. Jetzt finden sie wieder zusammen, die beiden Alten, einander dienend. Auch ich möchte einmal fortgehen dürfen wie N. – unbemitleidet und doch erbarmt. – Leise kriecht Waschi auf meinen Schoß. Als wüßte er, worüber ich schreibe.

Julian hat verschlafen. Und weil Julian verschlafen hat, haben auch die Kinder verschlafen. Nach einem ersten Augenblick der Bestürzung finden wir in der Küche zueinander und – lachen. Wie herrlich, wenn einmal nicht alles »nach Vorschrift« geht! Dann wird gemächlich doch noch der Tag in Ordnung gebracht. Jung-A hat zu weit zur Schule; sie kann zu Hause bleiben. Jung-Jae könnte seinen Bus noch erreichen, wenn Jung-A ihm schnell seinen Zitronentee richtet. Julian telephoniert mit der Klinik; ich trage ihm den Kaffee ins Bad nach. Wir sind vergnügt; EINMAL ist alles anders.

Während ich das Haus aufräume, denke ich: Wir sollten öfters ausbrechen! Poetischer leben! Dem Zufall öfters die Ehre geben, diesem prächtigen Gauner, der hinter dem Rücken die Karten mischt. Wenn wir sie nur abheben würden...

21. Januar

Ein Sonntag – eigentlich müßte ich Sonntage lieben. Ich mag Sonntage nicht, habe sie nie gemocht. Solange ich allein gelebt habe – und das waren immerhin fast zwanzig Jahre –, brach bei mir am Wochenende immer der blanke Neid aus: Da treffen sie sich, gehen spazieren, führen den Hund Gassi, laden einander ein zu Kaffee und Kuchen und Familiengeschwätz, immer sind sie in der Gruppe, und ich – bin allein!

Ich kenne viele, die tapfer ihre Woche leisten und dann am Sonntag das Dach über dem Kopf knacken hören. Es muß irgendwie an der Rhythmuslosigkeit, der Lässigkeit dieses Tages liegen. Und wir drängen uns nach immer mehr Freizeit.

Rentner-Freizeit: Holz hacken, einen Fensterrahmen reparieren, Photos der letzten Reise einkleben, ein paar Postkarten schreiben, die fette Samstagsausgabe der Heimatzeitung lesen, mit ihren Skandälchen und Tragödchen und Bekanntschaftsannoncen und der klassischen Anmerkung: »Den S., den kennen wir doch; erinnere dich! Dem hätte ich das wirklich nicht zugetraut...«

Auch unsere Kinder leben Rentner-Freizeit: Auf dem Bett herumhängen mit einem Groschenheft, zehnmal durchs Fernsehprogramm blättern, Karten spielen mit Kumpeln – manchmal kommen sie mir uralt vor.

Ich lasse wenigstens vier Waschmaschinen laufen!

Am Abend dann bin ich zu müde für die nächste Woche. Julian macht kaum einen erholteren Eindruck.

24. Januar

Der »Gaisbacher« hat sein Papiergeschäft aufgegeben. Dreißig Jahre lang habe ich bei ihm gekauft. Alles, was man so braucht zum Bücherschreiben –

Als ich gestern ahnungslos den Laden betrat, um ein Farbband zu holen, fragte mich ein fremdes Frauengesicht: »Und welches darf es denn sein? Für welche ›Olympia‹... ?« Diese Frage war mir bisher nie gestellt worden. Nach so vielen Jahren weiß man eben Bescheid mit der Kundschaft und stellt unaufgefordert die Rechnung »Bürobedarf« für Freiberufler aus.

»Du, Julian, der Gaisbacher hat aufgehört!«

»Ach! Der Mayer Toni auch. Und der Huber übergibt an den Sohn.«

»Und Ali, der Getreue, hat mir neulich erklärt, ein Büro an unser Haus anzubauen, das mache er nicht mehr. Da seien Jüngere da...«

Generationswechsel ringsum. Das Umfeld, das vertraute, verändert sich. Plötzlich steht man selbst »ganz schön alt« da.

29. Januar

Filmtage in Nordirland, sturmgepeitscht.

Zum erstenmal bin ich in Belfast, der Stadt der Zäune und Barrieren. Nicht zum erstenmal enden unsere Dreharbeiten auf einer Polizeistation. Das von uns gefilmte »militärische Geheimnis« entpuppt sich als die Autonummer eines britischen Offiziers, die uns ganz zufällig ins Kameravisier geraten war. Unter den strengen, technikgeschulten Augen des Wachhabenden löschen wir 20 Sekunden Film.

Zum Freundschaftstreffen europäischer Bischöfe mit dem protestantischen »Council of Churches« kommen wir, nach vier Straßenkontrollen, mit erheblicher Verspätung. Metropolit Alexy von Leningrad tröstet uns: Wir hätten wenig versäumt, Nescafé, Ingwerkekse und Shake-hands.

Ich friere; ich fühle mich wohl bei der Arbeit. Filme drehen habe ich immer geliebt. Jeden Abend, bei einem Guiness, trifft sich das Team im Hotelzimmer 109; die Sony-Kamera ist an den Fernsehapparat angeschlossen; gemeinsam begutachten wir die Arbeit des Tages. Und ein wenig verstohlen lasse ich mir vom Kameraassistenten die neuen Techniken erklären. Alles ist anders geworden und wird jeden Tag von neuem anders. Nächste Woche bekommt der Kameramann eine noch modernere Ausrüstung; nicht mehr zehn Kilo auf der Schulter, sondern nur mehr acht. Erhöhte Brillanz des Bildes, vereinfachter Weißausgleich, bessere Tonqualität, vielleicht auch irgendwo am Gerät ein Pfännchen, auf dem man während des Drehs Spiegeleier braten kann. So viel High-Tech; sie ist mir längst davongelaufen!

Vielversprechende Jungfilmerin – ein Jahrhundert scheint mir das her. Jetzt bin ich ein wenig die »Mutter Courage« im Team. Die den Karren im Kreis zieht und ihre Hochachtung vor europäischen Bischöfen in Grenzen hält.

Ein gutes Gefühl, wenn man endlich soweit ist, weniger das Amt als die Person zu achten. Im Treppenhaus blinzelt Metropolit Alexy mir zu und breitet das schöne Marienmedaillon fernsehwirksam aus auf seinem Bauch.

2. Februar

Rückkehr nach Riedern.

Immer wieder dieser schmerzhafte Zusammenprall zweier Welten. Julian verzieht sich in den Keller, leert den Trockner aus. Die Kinder sind mit Freunden ins Kino gegangen; was kümmert sie die Rückkehr der Mutter aus dem letzten Kriegsgebiet Westeuropas; »love-affairs« sind angesagt, nicht Krieg. Ich stopfe das Stück cellophanverpackten irischen Lachses in den Eisschrank, lege Julians »Pringle-of-Scotland-Pullover« auf sein Bett und fühle mich ganz entsetzlich überflüssig. Keine »Mutter Courage-Rolle« mehr, überhaupt keine Rolle mehr, nur noch müde und fremd. Wenigstens die Hunde kommen und schlecken an der Hand. »Wie war es? Erzähl, Maui!«

Der irische Whisky schmeckt Julian nicht so gut wie der schottische. Ich versuche zu erzählen, doch die Bilder sind dünn wie Reispapier. Unwirklich. Dabei war die Landschaft so schön im Sturm, grün die Wiesen schon jetzt, winterlos, das Meer aufgebracht, graue Keltenfarben, Heidengestein, dann Christenbotschaft vom äußersten Winkel Europas, die irischen Mönche, die die Wälder rodeten und Samen des Abendlands säten. Bis hierher, zum Saum des Riedernhauses, bis tief hinein in alles, was Julian und ich sind und tun.

»On est un peu des vieux moines, nous aussi« (Wir sind auch ein wenig alte Mönche), bemerkt denn auch Julian folgerichtig in der Nacht; ein satter Mond hindert uns am Schlafen, und – wir lassen uns hindern, lassen die Zeit durch uns hindurchrinnen mit ihren Nächten und Sonnenaufgängen und dem bleichen Schnee, der gegen Mittag von den Bergen herunterweht. Wir wissen, daß die Zeit – jeden Tag mehr – zu unserem kostbarsten Besitz wird. So gehen wir geizig-verschwenderisch mit ihr um. Und seltsam – im Abgrund unseres Endbewußtseins rinnen Ströme der Liebe zusammen zu einem reinen See.

5. Februar

Erstaunlich, wie sich seit dem letzten Herbst das Wort »Europa« mit neuen Inhalten füllt. Wie es zu glänzen beginnt mitten in den Zusammenbrüchen, zu drohen beginnt, trotz Abrüstung und Kriegsverzicht. Europa – das Weib auf dem Stier! Ein Symbol von Potenz und Kraft.

Verstehe ich mich als Europäerin? Ich glaube, ja. Trotz der Kinder aus Asien, trotz meines Bemühens, offen zu sein für die sogenannte »Dritte Welt«. Die wir – Europäer – zur Hure gemacht haben.

Jetzt, unerwartet, verschwinden weiße Flecken auf der Landkarte – Nachbarländer. Und was kennen wir davon? Polen, Ungarn, Südrußland, DDR – mindestens einmal am Tag beginnt ein Satz von Julian oder von mir mit... »wir sollten, wir müßten... könnten wir nicht...?« Lauter Konjunktivsätze! Wir haben zwei schulpflichtige Kinder und keinen, der es wagen würde, sie zu hüten. Sie sind im Alter der Unbezähmbarkeit. Manchmal verstört mich der Grundton Trauer im Gesicht meines sechzehnjährigen Sohnes Jung-Jae. Woher so viel Unbefriedigtsein, so viel Lebensangst? Wenn Jung-Jae mir bei Tisch gegenübersitzt und sein Essen stumm hineinschaufelt wie ein anatolischer (oder bayrischer) Bauer, wortlos, beinahe unerreichbar in seiner Verschlossenheit, weint etwas in mir. Dann stehe ICH vor Mauern und hämmere vergeblich an gegen die gelben Graffiti, die Freiheit verkünden und Selbstbestimmung. Kein Stein fällt herab.

Auf 32 Seiten bietet der STERN Reisen in die DDR an! Ausverkauf! Neues Urlaubsparadies! Auch wir sind neugierig, doch versuchen wir, behutsam umzugehen mit unserer Neugier. Und erleben, wie die sogenannte »Dritte Welt« immer mehr ausgespart wird in den Medien. Wahlen in Brasilien, die Vertreibung von General Pinochet in Chile, der einsame Appell des Papstes, den Sahelländern zu helfen... kaum eine Nachricht!

So sitzen wir am Abend beisammen, wir beiden Alten, drehen die Heizung auf gegen den Schneesturm draußen und mühen uns, in Herz und Gehirn die Welt neu zu ordnen.

Wir wissen, wir sind von gestern.

In der Küche hat Jung-A Prospekte über Aids und Kondome liegengelassen. Sie ist vierzehn Jahre alt.

7. Februar

»Sag mir, welche Termine du hast, und ich sage dir, wer du bist...« Termine!

Redaktionssitzung in Frankfurt am Samstag. Montag: Mammographie in der Röntgenabteilung des Tegernseer Krankenhauses, die dritte; man ist nicht sicher...

Dienstag: Familienberatung in Tölz! Zweimal hat die Mutter klagen dürfen, jetzt klagt der Sohn vor dem Psychologen. Nicht klagen wird er, sondern anklagen – die Mutter! Die Überperson, die Frau, die ein Koreaner nur schlecht oder gar nicht erträgt. Asiens Machismo steht dem lateinamerikanischen kaum nach.

Mittwoch: Hautarzt!

Donnerstag: Gefäßchirurgie in München! Die Beine, die Beine...!

Freitag: Toscana, der Traum vom Süden! Man hat uns ein Haus angeboten mit vielen Obst- und Olivenbäumen ringsum. Das Haus werden wir nie bewohnen; die Olivenbäume müssen zurückgeschnitten werden, um Früchte zu tragen. Was tun wir mit Säcken voller Oliven? Was tun wir mit »Besitz«? Außer dem Riedernhaus will ich nichts besitzen. Will mich nicht ewig kümmern müssen um »Dinge«, will die gerinnende Zeit aufbrauchen für »Menschen«.

Montag dann: eine Stundensendung für Karfreitag im Rundfunk: »Requiem für ein Volk und sechs Jesuiten«. El Salvador! Mühsame Vorarbeiten, vorprogrammierte Trauer beim Schreiben! Der Folterbericht einer jungen Frau ist zu übersetzen. Endend mit dem Satz: »Es ist Mittag; ich höre, wie sie in der Nebenzelle meine Schwester vergewaltigen und schlagen. Sie ist 15 Jahre alt.«

Dann Salzburg – zwei Referate über »Macht der Medien und Medien der Macht« – welch ein beklemmendes Thema! Erst das Heraufkommen der Fernsehmedien hat die Macht der Eliten endgültig zementiert. Die Armen haben keine Medien.

Rückkehr von Salzburg: der Eisschrank leer, die Kinder ungeduldig, Julian erschöpft wie ein Sperling nach der winterlichen Futtersuche. Er wird sich hinter seine Zeitung zurückziehen, die Kinder werden abtauchen in ihre Wohnhöhlen mit immer geschlossenen Fenstern und Türen, und ich – ewiger Heimkehrer – werde die Einkaufsliste vervollständigen, die Haare waschen in der Badewanne und versuchen, mit Tochter Jung-A drei vernünftige Sätze zu reden. Was ist ein vernünftiger Satz?

9. Februar

Ein Freitag. Schnee fällt in fahlen Strängen. Zerbröckelungen: gleich nach dem Mittagessen ist Jung-Jae, gitarrebewaffnet, abgebraust zu den Freunden. Tischtennis später am Abend. Julian muß für ein paar Stunden zurück in seine Klinik, Jung-A hat ein Rendezvous mit Freundin M. Einzig die Hunde, Waschi und Tashi, bleiben im Haus zurück, haben Hunger, verfolgen jede meiner Bewegungen in der Küche. Ungeschickt und mit zunehmend schlechteren Augen schneide ich mir in den Mittelfinger. Der Schnitt tut nicht weh, doch verwandelt er, stark blutend, den Küchentisch in eine Schlachtbank. Meine weißen Cordhosen sind voller Blut. Wie soll ich schreiben?

Wie soll ich schreiben: ZERBRÖCKELUNGEN?

Sie sind notwendig, ich weiß. Jeder geht seiner Wege. Solange die inneren Koordinaten stimmen, führen die Wege früher oder später wieder zusammen. Nicht mehr Pfade jetzt, sondern Lebensstraßen. Neu die der Kinder, ausgetreten wie alte Turnschuhe, die von Julian und mir. »Papa ist altmodisch«, bemerkt Fräulein Tochter von Zeit zu Zeit. Altmodisch sein ist, in ihren Augen, ein Laster. Neumodisch – in meinen Ohren klingt dies nach oberflächlicher Tändelei mit dem Zeitgeist. Warum sollen Halbwüchsige nicht tändeln dürfen? – Zerbröckelungen! Immer häufiger geschieht es mir, daß ich diesen Prozeß nicht als Verlust, sondern als Gewinn empfinde. Wenn die anderen gehen, wohin sie wollen, kann auch ich gehen ...

Und das Leben bitten: Nimm mich an! Laß mich noch eine Weile jubeln und klagen mit dir! Ich bin nicht nur Hausfrau und Mutter; Hüter der Schwelle, vielleicht.

Jung-A kommt zurück, erzählt von einem sterbenden Pferd im Stall der Nachbarn. Julian wird vom Pflegenotstand in seiner Klinik berichten. Jung-Jae von Tischtennissiegen. Und das sind dann die »Meldungen des Tages« gewesen?

Zerbröckelungen! Die Außenhaut bricht, die Alltäglichkeiten driften banal auseinander, während die Lebensinnenhaut sich fettigt und verfestigt. Heute weiß ich, was ein Tag ist, eine Zärtlichkeit Julians, ein Menschengesicht. Ein Gebet – ja, auch ein Gebet! Ich lerne die Finte vom »sterbenden Pferd«. Jung-A war nicht bei M. gewesen, sondern bei ihrem Freund.

10. Februar

In einem Unfallstau auf der Autobahn eingekeilt, habe ich heute morgen die Elf-Uhr-Maschine nach Frankfurt versäumt. Zwei Stunden Schleichfahrt zurück über Dörfer, autoverstopft auch sie. Grenzen des Wachstums – grenzenlos! Ein Parkplatz ist ein Parkplatz, ist ein Parkplatz...

Erschöpft von der Sinnlosigkeit dieses Samstagmorgens kam ich schließlich nach Hause. Rührte die Salatsoße an. Die Kinder balgten sich um die Salamipizza. Mit kleinen Knurrlauten gab Hündin Tashi zu verstehen, daß auch sie bedacht sein wollte.

Julian und ich gönnen uns einen Lesenachmittag, kostbar genug. Für mich bedeutet dies, das Pensum aufzuarbeiten, das ich in Frankfurt zu erledigen gehabt hätte: konstruktive Herausgeberkritik an unserer »Zeitschrift kritischer Christen«.

Jung-Jae probt »winter has gone« auf der E-Gitarre; Jung-A hat ihren »jour fixe« mit einem blonden Knaben, der gerade zum drittenmal sitzengeblieben und entsprechend deprimiert ist. Von Schülerselbstmord ist die Rede... wie oft habe ich das in letzter Zeit gehört! Die Lebensunwilligkeit der Jungen, sobald auch nur eine Kleinigkeit danebengeht. Jung-As Zimmer riecht penetrant nach einer Parfumimitation.

Wir bieten ihrem »jour fixe« ein Elterngespräch an, um dem verstörten Jungen zu helfen, doch dann läuft »Spartakus« im Fernsehen, und die Kinder kuscheln sich ein in bequemere Unwirklichkeiten. Unwirklichkeiten SIND bequemer. Sie räumen uns die Mühe aus dem Weg, lebendig und mit-gestaltend zu sein.

Letzte Nacht habe ich geträumt. Jetzt liegt der Traum wie eine Folie über allem, was ich zu lesen versuche. Da waren große, ehrwürdige Bäume und kleine, ehrwürdige Dorfälteste in Gelb und Schwarz; trotz aller Bemühungen wollte es mir nicht gelingen, herauszufinden, ob ihre Haut gelb und schwarz war oder ihre Kleidung. Die beiden Farben wehten wie Schleier.

Ich stand unter einem Tropenbaum; eine Hälfte des Stammes lag auf dem Boden, ohne gefällt zu sein. Sie glich einer riesigen Luftwurzel. Ich stand also auf diesem luftwurzeligen Baobab, hing weiße Geisterschleifen um die Äste, die gelben und schwarzen Dorfältesten starrten mich an, offensichtlich sollte ich zu ihnen reden, doch ICH HATTE NICHTS ZU SAGEN. Kein einziges Wort fiel mir ein; das Ungesagte in meinem Mund erstarrte zu Schlick. Zuletzt standen die Dorfältesten auf und gingen – gingen in einen sandfarbenen, weiten Horizont. Farben wie aus der Anfangszeit der Photographie, von matter Leblosigkeit. Ich hatte nichts zu sagen.

Noch jetzt, am Nachmittag, spüre ich das Unbehagen im Bauch. Was soll dieser Traum?

Es stimmt, ich habe viel über Gewalt, Trauer und Tod geschrieben in letzter Zeit. Von Auschwitz bis El Salvador. Möglich, daß es von daher kommt, die Traumangst, die jähe Sprachlosigkeit. Oder werfen die Brasilienfilme ihre Schatten voraus? Ein Film mit »abondonados«, Straßenkindern, einer mit einer Negerin aus einer Favela von Rio, einer über Indianerprobleme. Dreimal – Ausgegrenzte!

WAS SOLL ICH IHNEN SAGEN?

Spät am Abend zieht Julian meinen Kopf an seine Schulter. »Courage, Maui. Ich denke an dich morgen um 10 Uhr. Bitte ruf mich gleich an!«

Wieder eine Krebs-Vorsorgeuntersuchung. Wann bricht das Eis? Seltsamerweise bin ich ohne Angst. Habe ich wirklich in 56 Jahren gelernt, daß der Tod zum Leben gehört? Und die schwarzen Dorfältesten, die gelben? Wie diese Bilder deuten? So vielleicht: daß für die Menschen der Dritten Welt, daß für die Armen Leben Tod bedeutet – ohne Leben gewesen zu sein.

An diesem Tag der Ratlosigkeiten plötzlich ein Anruf: »Sag, du hast doch einmal über ›Trauern und Trösten‹ geschrieben. Kannst du am Sonntag X. einen Vortrag halten. Eine Meditation vielleicht? Wir haben vierzig Bilder einer Jüdin ausgestellt, die Theresienstadt überlebt hat. Sie ist dein Jahrgang...!«

11. Februar

»Sie können getrost sein...«, sagt der Röntgenarzt. Ich fahre nach Hause. Für eine halbe Stunde ist alles unwirklich, was sonst meine solide tägliche Wirklichkeit ausmacht. Ich irre im Kreis herum, weiß, ich müßte das Eingekaufte aufräumen, Mittagessen bedenken, Betten machen. Julian anrufen, der beunruhigt ist. Schließlich gelingt es mir, seine Nummer in der Klinik zu wählen: »Du kannst getrost sein, Liebster...!« Wieder einmal beschließe ich, dem Leben »künftig mehr Ehre zu geben«. Und rauche die nächste Zigarette...

Draußen ist ein Schneesturm aufgezogen. Bleiche Eisfäden, die sich um Sträucher und Knospen winden. Die Sperlinge lärmen und versuchen Wasser zu picken aus den nun wieder verglasten Pfützen.

Das Karussell mit seinen leeren Tieren, das heute mittag um mich herum gewesen ist, jetzt dreht es sich innen. Die Tiere glotzen; da ist kein entzücktes Kind, das anjubeln will gegen den Wind. Leierkastenmusik, monoton, eigentlich erbärmlich.

Meine Zahnhälse schmerzen; Trost vielleicht für den anderen, lebensbedrohenden Schmerz, der mir – wieder einmal – erspart worden ist.

Alles geht weiter wie bisher.

Ich muß keine Entscheidungen treffen, keine neue Tapferkeit einüben, keine Abschiede vorausleisten.

Alles geht weiter wie bisher.

Und nicht einmal – dankbarer. Obwohl Julian und ich ein Glas Sekt getrunken haben, als er aus der Klinik nach Hause kam. »Auf das Leben, Maui!« – »Auf das Leben!«

14. Februar

Für ein Kind, denke ich, ist WETTER ebensowenig eine Größe wie NATUR. Das gibt es halt, fließt nebenher, fast ohne Bedeutung, ist so abstrakt wie der andere Begriff: ZEIT! Im Älterwerden bündeln sich die drei Begriffe irgendwie, Zusammenhänge entstehen und werden bedeutsam. Gelegentlich sogar – bestimmend! Ein endloser Winter etwa! Er nistet sich tief ein in meinen Lebensrhythmus, deprimiert mich. Nur selten gelingt es mir, seine Herrlichkeiten herauszufiltern aus dem vernebelten Inneren – ein gefrorenes Blatt, einen Horizont aus Sternbögen, Berggipfel, verschneit, in einer flach versinkenden Sonne.

Das Kind sieht weder Blatt noch Sonnenuntergang. Ob der Tag heiter war oder verhangen, vermöchte es kaum zu sagen. Das Kind lebt in einer eigentümlichen Unabhängigkeit von dem, was später so sehr unsere Gestimmtheiten ausmachen soll. Es hat seine eigenen »Gestimmtheiten«. Und Unstimmigkeiten. Auch das macht, zur »Launischkeit« erniedrigt, daß im Riedernhaus Eltern und Kinder gelegentlich aneinandergeraten.

Noch nie, seit der Schnee schmilzt, hat Jung-A einen Blick auf ihr Beet geworfen. Da blüht es, wenn auch zaghaft – Ankündigung! Eine bald Fünfzehnjährige hat ihre eigenen Ankündigungen, jahreszeitenlos! Aber auch – aus gewissen Wortwechseln zu schließen – beklemmend.

Ein wenig verstört beobachte ich, wie das auseinanderdriftet, was man einst »Familienleben« genannt hat. Sich aufspaltet in vier Einzelleben, zuweilen auch in vier Einsamkeiten, verkrochen in Wohnhöhlen, in Musik, in Schreibtischarbeit. Immer häufiger geschieht es auch mir, daß ich mich »verkrieche«, vor der Zurückgezogenheit der anderen fliehe, in Ruhe gelassen werden will von den ewigen »Kann-ich...?«, »Darf-ich...?«-Fragen, die zwar winzig klein sind und doch so lästige Entscheidungen verlangen. Wo ich eigentlich doch große, unerhört lästige Entscheidungen treffen möchte...!

Drei Grippetage, Fieber, Übelkeit, ein fast todessüchtiges Bedürfnis nach Schlaf!

15. Februar

Nach Sturmtagen, zeitgleich mit meiner Grippe (wie schön, daß ich nicht neurotisch bin!) – ein heiterer Tag! Die ersten Frühlingsknotenblumen, die ersten Spitzen der Tulpen! Frühling, so ersehnt und – so verfrüht, daß er mir entgehen wird in den fünf Wochen, die wir in Brasilien filmen werden. Eigentlich wollten wir dem Winter entgehen, doch da ist Regenzeit am Amazonas.

Schlimm, wenn man 56 Jahre alt ist und noch immer alles haben will!

Glückliche Kinder, erfolgreiche Arbeit und die Jahreszeiten selbstgewählt.

Deutscher Traum vom Süden – so liegt das Haus, eingebettet in Wildnis, eingebettet in Obst- und Olivenbäume, die uralte Kulturlandschaft der Toskana. Am Horizont schimmert das Meer, der Wein von Montescudaio hat den herben, reinen Geschmack von Arbeit, nichts ist geschenkt in diesem Winkel Welt, doch alles ist Gabe – Sonne und Wind, schwerer Lehmboden und Blühen im Februar...

Wie so vieles andere auch – Zufälliges und Schicksalhaftes –, ist mir die Annonce vor Wochen auf den Tisch geflattert: »Landhaus in der Toscana zu verkaufen; vier ha Grund.«

Erde, Boden – dachte ich damals und dachte auch, daß für den Kaufpreis im Tegernseer Tal höchstens noch eine Zweizimmerwohnung mit Blick auf einen ALDI-Fuhrpark zu erstehen sei. Irgendwann begann auch Julian mit mir zu träumen. Wir rechneten Wochenenden aus, den Freitag dazu. Dann kamen Sturm und Schnee und Grippe und Vortrag und Kinderverpflichtungen; nichts lief.

Gestern endlich standen wir vor unserem Traum. Ohne Enttäuschung – im Gegenteil: Wir wußten beide – dieses Stück Erde hätten wir lieben können. Schon nahm Jung-A das Südzimmer in Besitz und forschte das Grundstück aus nach einer Weide für ihr künftiges Pferd. Da war keine Weide, nur Dickicht, hohes Gras, Brombeerstauden! Vier Hektar Verwilderung!

In der Trattoria sind wir mittags wohl die einzigen Gäste geblieben. Es gab hausgemachte Nudeln mit Wildschweinsauce und ein Carpaccio aus Fenchel, Champignons und hauchdünnen Parmesanscheiben. Julian lächelte mir über den Tisch zu; ich verstand: sein Lächeln war traurige Verneinung. In dem Sinn: »Das schaffen wir einfach nicht mehr! Dafür sind wir zu alt! Vor zehn Jahren, ja...«

Vor zehn Jahren gingen Jung-Jae und Jung-A noch in den Kindergarten.

»Aber den Hunden hätte es hier gefallen«, sagte Jung-A im Auto und verschlief das toskanische Licht auf unserem Rückweg nach Florenz. Nach dreißig Jahren wollte ich einmal wieder die Uffizien besuchen, »auf Goldgrund und groß« den florentinischen Madonnen gegenüberstehen, der spröden Süße ihrer Mütterlichkeit. Mitten im Anschauen und Schauen nahm Julian meinen Arm, fragte: »Tut es dir leid, das mit dem Haus?« – »Ja«, sagte ich, »ich bin traurig. Nicht, weil ich besitzen wollte...!« Und dachte den Satz zu Ende: »...sondern weil die Einsicht schmerzt, daß schon alle Leben gelebt sind.«

Wir standen vor dem bezaubernden Bild eines Putto, der, den Kopf über das Zupfinstrument geneigt, seinen Engelstraum träumt. Unendliche Kindheit –

20. Februar

Längst haben wir den Frühling begrüßt, jetzt kommt der Winter zurück. Mit Stürmen und Schnee! Stromausfall, heruntergewehte Dachziegel, Laub vom Vorjahr, das überall rätselhaft durchs Haus weht und sich in den Ecken sammelt. Wir holen unsere Kerzenstummel vom Speicher; verblichene Feste – Taufkerzen, Osterkerzen, Hochzeitskerze! Das Lamm schmilzt vor unseren Augen; wir frieren. Ich mag solche Ausnahmezustände, wenn die »rogños au madeire« plötzlich auf dem Spirituskocher gemacht werden müssen und alle Maschinen stillstehen.

Ich mag es, wenn die Alltagsglätten zuweilen Kanten bekommen. Die Kinder reagieren unsicher. Das »candle-light-dinner« in der eisigen Küche läßt sie noch hastiger ihre Brote hinunterschlingen; diese durch Not verordnete Romantik mißfällt ihnen; sie wollen, daß alles so sei wie immer. Dann können sie sagen: »O Gott, ist das langweilig zu Hause!«

Zuweilen sind Julian und ich tausend Jahre jünger als die Kinder. Waren es Krieg und Nachkriegszeit, die uns gelehrt haben, phantasievoll mit Widrigkeiten umzugehen?

Um zehn Uhr abends finde ich Julian vor der im Augenblick einzigen Wärmequelle des Hauses, dem Kamin. Er hat die Hunde neben sich, »Le Monde« auf den Knien und – schläft. Die Flammen tuscheln. Das vierundsechzigjährige Männergesicht ist schön in seiner Ergebenheit. Ich frage mich, warum Julian so viel gewaltloser altert als ich. Ohne das Hexenhafte, das sich zuweilen in die Falten meines Gesichts einschleicht oder in das strähnige Haar, und Böses ausdrückt, vielleicht auch nur die Boshaftigkeiten des Alters. Nichts davon bei Julian; eher eine alles ausgleichende Erschöpfung, ein Ausgetrauertsein, das sich keiner falschen Mimik mehr bedienen muß. Eine Bemerkung meiner Mutter fällt mir ein: »Ich wünsche mir, daß Julian da ist in meinen letzten Tagen!« Das wünsche ich mir auch; »... und in der Stunde unseres Todes, Amen!« Wer wacht bei Julian?

24. Februar

Da ist viel Trauer...

Früher Morgen! Ich bin allein im Riedernhaus, habe meine Pflichten getan, wie man so schön sagt, sitze endlich am Schreibtisch und sinne dem Satz nach, der mir in dieser Nacht zugeflogen ist, halb Vogel, halb Stein – »da ist viel Trauer!«

Trauer heißt: Begrenzung, notwendige vielleicht. Trauer heißt: Einsicht, Innensicht! Trauer heißt: Ent-Spiegelung! Trauer aber ist auch eine Einladung zum Mut. Entdeckung einer neuen, schweren Leichtigkeit. Trauer ist immer Aufforderung: »Folge mir; ich führe dich, wohin du nicht willst...!« Aber auch Ausbluten ist Trauer, Trauerarbeit: »Nimm dein Verhängnis an...!«

Ich möchte nicht ohne Trauer leben, doch auch nicht mit ihr als beharrlichem Schatten!

Der Schatten ist da, hängt im grauen Wind.

Waschi kratzt an der Tür, will herein, will auf meine Knie und die Pfoten in die Schreibmaschine hängen – schreibt er meine Trauer mit? Irgend etwas fehlt ihm an diesem Morgen, ist es Julian, sind es die Kinder? Er ist aufgeregt, wirft sich gegen die Zimmertüren, grunzt Tashi an, die ich gerade von ihren klumpigen Schneestiefeln befreit habe, wartet, wartet mit spitzen Ohren auf etwas, das geschehen könnte. Und während ich ihn so beobachte, den klugen alten Hund, entdecke ich, daß auch ich mit gespitzten Ohren auf irgend etwas warte, das geschehen könnte.

Ausbruch aus der Monotonie der Tage, der Unerbittlichkeit der Abläufe, Dienste, Pflichten! Irgendeine jähe, helle, stählernde Sonne zur Unzeit, die das Herz reifen läßt und die Augen blendet!

Ich schaue den Schneewirbeln zu und denke, daß in diesem Augenblick Millionen alternder Menschen warten auf dieses Licht – oder auch nur darauf, daß endlich das Telephon läutet. Schon dies wäre ein Fest. Ich will M. anrufen. Sie ist 82 Jahre alt, lebt allein in einem Gartenhäuschen; gerade hat sie sich, einsichtig und kummervoll, von all ihren Tieren getrennt.

27. Februar

München und dreimal Arzt: Gelbfieberimpfung für den Amazonas, Zahnarzt, Durchblutungsstörungen in den Beinen. Viel Selbstverschuldetes, ich weiß es! Unvernunft! Der Körper als Schlachtfeld der Seele; verwundet bleibt er zurück.

Nirgends ein Parkplatz; einmal leiste ich mir ein Taxi, dann stelle ich mich quer, längst verspätet. Wie ich endlich aus dem Krankenhaus zurückkomme, steht da so ein kleiner, grauer Beamter, hat meine Autonummer auf den Strafzettel gemalt und ein paar Herzchen dazu. »Fahren Sie, Madam, fahren Sie mit Gott und – stiften Sie einmal dreißig Mark für einen Armen. Wir haben so viele Arme in dieser, unserer Welt…«

Während ich noch meine, nicht richtig verstanden zu haben, löst der Graue sich auf im Märzlicht. Das gibt es also noch – Menschlichkeit!

In den Wartezimmern habe ich »La Sagan« gelesen. Ihre Gottheit: ZEIT! »Welch eine Traurigkeit, das ist es wohl, das Altern: die Seinen nicht mehr erkennen.«

Die »Seinen«; wer sind sie, die »Meinen«? Ich besitze nichts, weder Kind noch Mann. Verantworten muß, lieben darf ich – mehr nicht. Und jeden Tag mehr nimmt der Tag sie zurück, die mir nicht angehört haben – Kinder und Mann. Schleifspuren des Älterwerdens – dieses Auseinanderdriften in verschiedene Generationen! Bei uns alten Eltern besonders ausgeprägt.

Zuweilen stehe ich, wie Tochter Jung-A, vor dem Spiegel und wünsche mir, sie noch einmal annehmen zu dürfen, meine Leiblichkeit. Haar und Haut und Augen – wie weggeblendet, weggeschminkt ist alles! Wie verletzlich sind die Gerüche geworden und das Lachen!

In der Dämmerung prosten wir H. zu; ihren 50. Geburtstag feiert sie heute und strahlt wie eine ganz junge Frau. Dabei lebt H. nur eine ganz junge Liebe. Die erste ihres Lebens, wie sie mir neulich gestand. Ich bin nicht sicher, ob ich sie darum beneide. Draußen stoßen Windböen das Jahr in den Winter zurück, eine närrische Meute. Entwurzelte Fichten, abgerissene Masken! H. irrt zwischen ihren Gästen herum, kann nichts finden. Kann vielleicht sich selbst nicht finden, denke ich und beginne ein Gespräch mit ihrer frischverheirateten Tochter, die heute wenig Lust hat, der Mutter »zu Diensten« zu sein. »Mami schafft das schon«, bemerkt sie und bastelt eifrig an ihrem eigenen neuen Leben. Keine »Trümmerfrauen«, aber die »Schafft-das-schon-Generation« sind wir offensichtlich, wir Fünfzigjährigen und darüber. Unermüdlich im Einsatz und über lauter Unermüdlichkeit und Einsatz schauderhaft dünnhäutig geworden; schon ein Wort zur Unzeit bläst uns um. Was wir natürlich nie zugeben würden, doch da bilden sich Narbengewebe rings ums Herz. Und die »blauen Flecken der Seele«, die Françoise Sagan (auch eine Frau unseres Alters) beschreibt.

1. März

Schneeglöckchentag, Schneetag!

Zwei Stunden Haushalt und Essenkochen, fünf Stunden Schreibtisch, Post, Telephonate, Filmvorbereitungen; Abendnachrichten und ein Whisky mit Julian, Nägel-in-Ordnung-Bringen – was für eine satte Bilanz!

Auf unsererer Jahresübersicht sind zwei Monate bereits abgehakt, durchgestrichen. Die Zeiger rasen. Was gestern noch ferne Zukunft war, ist morgen schon: HEUTE!

Als ich ein Kind war, dehnten sich die Tage unendlich. Jung-A, danach befragt, antwortet: »Manchmal habe ich Lust, schlafen zu gehen, damit der Tag endlich vorbei ist.« In einer Woche wird sie fünfzehn Jahre alt. Schminkutensilien wünscht sie sich, damit »man mich in der Disco und im Kino hineinläßt«. Sehnsucht nach den angeblichen Freiheiten des Erwachsenseins, den »Lüsten der Sinne«, die aus jedem walk-man locken. Und von den Postern in Jung-As Zimmer, wo tranige Popsänger längst die Pferdephotos aus der Camargue abgelöst haben. Englische Wortfetzen aus Songs wirft Jung-A mir mehrmals täglich zu: »Was heißt ›tears‹ – Mama?« Tränen!

Tränen, mein Kind!

Zuweilen, ohne jede Vorwarnung, springen meine Jahre mich an, beißen…, und das unausrottbare junge Mädchen, in der Haut einer 56jährigen, klagt: »Ihr Wölfe – Zeit! Merkt ihr denn nicht, daß Rotkäppchen und die Großmutter EINE Person sind?«

Heute morgen war so ein Augenblick der Verwirrung, wo ich plötzlich meinem Geburtsdatum hinterherlaufen mußte, um sicher zu sein, daß ich so alt war, wie ich bin. Und bald sechzig –

Trotzig zwänge ich mich in die roten Jeans. »Schick siehst du aus, Mama,« meint Jung-A aufrichtig und bedauert wieder einmal, nicht meine langen Beine zu haben. Dafür jedoch hat der Himmel sie mit 15jähriger Süße ausgestattet, mit der neuerdings auch pfleglich umgegangen wird. Zwei Stunden im Bad sind keine Seltenheit. Auch Vögel ziehen die bunten Schwanzfedern durch den Schnabel, um zu glänzen.

Im Filmraum lächelt eine vertraute Kollegin – bildhübsch übrigens – mir entgegen. »Sagen Sie, sind Sie zuhause auch immer so gepflegt?« – »Ich bemühe mich…, eigentlich vor allem deshalb, damit mein Selbstbewußtsein nicht wie eine Seifenblase lautlos in sich zusammenfällt.« – »Ach, und ich schlampe zuhause in Shorts herum, ganz leger!«

Wenn man es sich leisten kann – warum nicht? Gerade habe ich eine demütigende Zahnarzt-Woche hinter mir; drei Lücken, den Mund möglichst verborgen hinter einem Taschentuch oder der vorgehaltenen Hand. »Du redest so komisch«, bemerkte Sohn Jung-Jae; mehr bemerkte er nicht. Nur Julian wußte um die Leiden meiner Eitelkeit, pinselte abends liebevoll die Wunden aus; seit gestern »prangt« das Gebiß wieder, alles tut weh, und ich kann nichts essen.

Seit Wochen liegt auf meinem Schreibtisch, hingekritzelt an den Rand eines Ferienprospekts, ein Zitat, dessen Herkunft ich schon längst nicht mehr zu orten vermag: »Ich werde zu Stein! Ich fühle es, ich werde zu Stein!«

Irgendwann muß dieser Satz eines Sterbenden mich beschäftigt haben, nun – im Zug der Aufräumarbeiten vor dem Abflug – landen Prospekt und Zitat im Papierkorb. Ich will nicht Stein sein.

Gestern abend habe ich einen anderen Satz notiert: »Immer mehr werden die Dinge, die Zwänge, mit denen wir leben MÜSSEN;

doch fühle ich, daß auch die Dinge sich mehren, mit denen wir leben KÖNNEN, und die Freiheiten, mit denen wir leben DÜRFEN.«

»Feilst du an deinem Testament, Maui?« fragt Julian, die Hunde streichelnd, die rechts und links von seinen Hüften ihr eigentliches Zuhause haben. Wir lachen. Wir haben schon zu viele Abschiede gekannt; immer waren es Augenblicke der Wahrheit. Und die Wahrheit hieß: Liebe!

Was nicht bedeutet, daß wir sorglos, angstlos umgehen mit unseren Trennungen. Doch verwandelt die Alchemie jahrzehntelanger Vertrautheit vielleicht Sorge und Angst in ein namenloses »Zu-Trauen«. Wir trauen einander das Getrenntsein zu, und alles, was damit verbunden ist.

Jetzt, in der Dämmerung, will das weiße Wollknäuel Tashi »Krähen jagen«, fegt aufgeregt durch den Garten, vergißt, daß ein Hund nicht fliegen kann und landet im Biotop, wo wir sie unter Gelächter herausfischen. Während Jung-A den Hund abtrocknet, predigt sie ihm Moral: »Hör mal, du hast weder Flügel noch Flossen! Bleib gefälligst dort, wo du hingehörst, – auf der Erde! Verstehst du, Tashi?«

WIR verstehen.

An diesem Abend sind wir erwachsen und alterslos. Verstummt sind die kleinen Klagen, die Wehleidigkeiten des Alltags. Dankbar nehmen wir es hin, daß wir noch teilhaben dürfen an Menschen- und Völkerschicksalen. Daß man uns noch Zeugnis geben läßt vom Sterben der Yaomami-Indianer, von der skandalösen Wirklichkeit lateinamerikanischer Straßenkinder und von den Negersklaven, hundert Jahre nach Abschaffung der Sklaverei.

»Ach«, fragte Jung-Jae beiläufig am Morgen, – »du weißt doch, da gibt es so schöne Strände...«

»›An der Copacabana und am Wörthersee...‹; haben wir in der Band auch schon gesungen. Der Text ist blöd...!«

»Also, willst du es wirklich wissen?«

»Nein, nicht wirklich. Irgend so etwas mit Armut und so...!« Sein linker Fuß hing schon im Fahrrad. »Tschüß, Mama!«

Tschüß, mein Koreanersohn, der alles tut, um sich nicht zu erinnern an die vier ersten Jahre seines Lebens. Irgend so etwas mit Ausgesetztsein und Verlust und Armut und so...

Es regnet sanft und kalt. In den Abendnachrichten ist – wie seit Wochen schon – die Dritte Welt ausgeblendet.

4. März

Woche der Brüderlichkeit!

In Rosenheim hat die tschechische Jüdin M. K. ihre Bilder ausgestellt – Bilder von Theresienstadt, fünfundvierzig Jahre lang ausgetragen tief im Innern. Dann ein Zusammenbruch, eine Eruption: das zuletzt schöpferische Aufarbeiten der Schrecknisse.

M. K. ist, wie ich, geboren im Jahre des Heils – 1933.

In meiner Rede zur Ausstellungseröffnung versuche ich, die Fäden von damals ins Heute zu spinnen: »Einladung zur Wachsamkeit« lautet mein Thema. Ausgerechnet in Rosenheim, der Hochburg der »Republikaner«.

Über neuverschneiten Bergen friert die Sonne.

Dieser Vormittag hat viele Kindheitserinnerungen geweckt in Julian und mir. Die Geschichte von dem Zettelchen, das ich kürzlich in einem alten Tagebuch wiederfand. »Ich schwöre, daß ich alles tun will, was in meinen Kräften steht, um für den Frieden zu kämpfen.« Als ich dies schrieb, war ich sechzehn. Hatte Photos von Auschwitz gesehen, fassungslos!

Wir sitzen im Auto und fahren die Zeitstrecke zurück: Krieg, Nachkrieg, Nie-Wieder-Krieg! Julian sagt: »Erinnerst du dich an die schauderhaften Bilder vom Golfkrieg kürzlich im Fernsehen? Tote über Tote, in Erdlöchern, im Schlamm, im Wasser...?« Ich erinnere mich; das ist nicht fünfundvierzig Jahre her, das war gestern. Und El Salvador ist heute, und Brasilien ist heute (im Monat Februar: 63 Morde von Todesschwadronen in der Stadt Nova Iguaçu; Zeitungslob: »Río limpo, Cidade maravilhosa«), und auch das Kurden-Drama ist heute, ebenso wie das Libanon- und das Palästinenser-Drama und das Kambodscha-Drama...

Maui, wie bist du umgegangen mit deinem Schwur?

Abend, ganz anders, heiter!

Drei befreundete Ehepaare, vier Kinder, vier Hunde... Gelächter! Diesmal sind die Naturwissenschaftler unter sich. Von Hundephobien ist die Rede, von C. G. Jung für Möpse und Schonzeit für Blutegel, selbst wenn sie die Kröten aussaugen im Biotop, von Forschungsreisen in die Mongolei, dann stürmen die Kinder herein und wollen wissen, ob »le Zaire« ein Fluß sei oder ein Land, die Lhasa Apso beschnuppern sich neugierig, und Julian, die Kaffeetassen hinaustragend, sagt: »Es war rundum schön!«

»Wie das Leben so spielt...!« Das Leben spielt nicht, es schlägt.

»Ach, man trägt Schwarz«, spotte ich bei Renate, meiner schikken Fußpflegerin, der Jungverliebten. »Schwarz, das mag ich auch! Das ist eine gute Farbe!« Stumm schiebt Renate mir die Seifenlauge unter die Füße. Aus ihrem Gesicht sind die Augen herausgewaschen, irgendwie; das fällt mir auf. Die Augen sind zwar da, doch wie leblos blinkender Glimmer –

»Renate, was ist los? Etwas mit...? Habt ihr euch getrennt?«

»Getrennt? Undenkbar! Er war in dem Airbus nach Bangalore... Er ist tot...! Verstehen Sie, was das heißt: TOT? Ich verstehe es nicht.«

Und dann das antike – nein, das keiner Menschenzeit zuzuordnende Klagelied der Geliebten:

»Er war so stark, daß er es nicht eine Sekunde lang nötig hatte, mich zu demütigen.«

»Von jedem Flughafen rief er mich an; er wußte, daß ich Angst hatte vor dem Fliegen, vor SEINEM Fliegen.«

»Im Sommer wollten wir heiraten.«

»Nach meiner mißglückten Ehe war ich so selig mit ihm; wir haben gelacht, uns angelacht, zugelacht; alles war einfach Freude!«

»Innerhalb von sechs Monaten bin ich beides geworden: geschiedene Frau und Witwe! Zwei Schwiegermütter! Die Schwiegermütter werden mir bleiben; sie mögen mich. Nur – wie soll ich damit leben? Am schlimmsten ist es morgens, beim Aufwachen. Angst vor dem Tag, Angst vor dem leeren Tag. Und nie mehr warten dürfen auf ihn!«

»Jeden Tag gehe ich an sein Grab, weine. Das bringt nichts. Letzten Sonntag wollte ich in die Kirche gehen. Eigentlich habe ich Kirche immer gemocht. Ich bin nicht gegangen; meine Wut ist zu groß auf DEN DA OBEN! Warum zerstörte ER eine Liebe, die gerade erst angefangen hat? Wissen Sie es, Frau Peitz?«

Nein, ich weiß es nicht. Wie Quallen hängen meine Beine in der Lauge, ganz fremd. Was soll eine Pediküre mitten in einem antiken Drama? Satyrspiel?

Beschämt ziehe ich meine Füße aus diesem Kreidekreis.

»Renate, ich hätte Sie gern umarmt; ich traue mich nicht; ich darf Ihren Schmerz nicht noch vergrößern...«

Lege zwanzig Mark auf den Tisch, stülpe die Nylons über das

noch feuchte Frischgelackte, weiche der Stimme aus, die mir, tonlos, nachruft: »Guten Flug nach Brasilien!«

In der Autowerkstatt klärt der Chef mich darüber auf, daß am Auto größere Schäden zu beheben seien; zu Hause wartet der nette Elektriker mit der Nachricht, die Waschmaschine sei »im Eimer«, und vom Daxler-Bauern herüber klingt das Geräusch krachender Bäume, ein Platzgeräusch, das der Orkan den Fichten noch übriggelassen hat.

Ich müßte die Lilien einpflanzen, ehe ich abfliege – für sechs Wochen!

6. März

Was hat Gott sich eigentlich dabei gedacht, als er das Leben dem Gesetz der Unsicherheit unterwarf? Diesem Todesticken, der Unruhe in der Uhr –? Ständig kreist die Zeit und wirft aus, dich, mich, uns alle.

Tage des Abschiednehmens. Vom Frühling mit seinen Sturmresten und zerzausten Staren, von Julian, den Kindern, von Waschi und Tashi, die unruhig werden, wenn abends einer fehlt im Riedernhaus, von den Wäschebergen im Keller.

Ich bin nicht traurig. Daß ich diese drei Filme in Brasilien drehen darf, dafür haben wir lange genug gekämpft. Möglich, daß auch sie »Abschied« sind, Abschied von dreißig Jahren »Dritte Welt«.

Heute morgen sah ich sie, sah sie im Dorf ihren kleinen Mühseligkeiten nachgehen: Einkaufen, Arztbesuch, Apotheke, Bank, Reinigung...

Wie Ameisen sah ich sie, emsig, und dachte: Morgen werden sie das gleiche tun, egal, ob ich mit ihnen noch das gleiche tue oder nicht. Egal, ob ich noch einen Brief zur Post trage, in dem geschrieben steht, wie sehr ich das Leben liebe.

Kontrastprogramm Leben: Immer zwischen den Extremen von Fortgehen und Tod und Nimmerwiederkehr! Was wird aus den Kindern werden?

Erwachsene zwischen Fortgehen und Tod und Nimmerwiederkehr? Lachen dazwischen, hoffentlich, Musik und die weiche Außenhaut des Glücks.

Ich sollte Lilien pflanzen, ehe ich gehe. Standort: SONNE.